Klaus D. Tumuscheit **Überleben im Projekt**

Klaus D. Tumuscheit

Überleben im Projekt

10 Projektfallen und wie man sie umschifft

Orell Füssli Verlag

Gedruckt auf umweltfreundliches, chlorfrei gebleichtes Papier

Umschlaggestaltung: Christine Vonow, Zürich
Umschlagabbildung: Rafal Olbinski (SIS Paris)
Druck und Bindearbeiten:
Freiburger Graphische Betriebe, Freiburg i. Brsg.
Printed in Germany

ISBN 3-280-02620-2

Die Deutsche Bibliothek – CIP-Einheitsaufnahme

Überleben im Projekt : 10 Projektfallen und wie man sie umschifft /
Klaus D. Tumuscheit. – Zürich : Orell Füssli, 1998
ISBN 3-280-02620-2

Inhaltsverzeichnis

Vom Kick-off bis zum Projektende

1 Projekte sind der pure Frust

Das Leid des Projektmanagers

Projektmanager zu sein ist alles andere als lustig. Meist kommt man zum Projekt wie die Jungfrau zum Kinde. Irgendwann sagt der Chef wie aus heiterem Himmel: «Hier ist ein Projekt. Machen Sie mal!» und von da an rennt man 18 Stunden täglich unhaltbaren Terminen, lächerlich geringen Budgets und unerreichbaren Zielvorgaben hinterher. Das Projekt schlägt auf den Magen. Schlaflosigkeit, Panikattacken vor wichtigen Zwischenterminen und permanenter Erfolgsdruck sind die ständigen Begleiter des Projektmanagers. Niemand mit gesundem Menschenverstand reißt sich um die Position eines Projektleiters. Aber wem erzähle ich das?

Schließlich wissen Sie das am besten. Sie sind Projektmanager oder Projektleiter. Oder schlimmer noch: Sie werden möglicherweise bald dazu gemacht. Gewiß, viele (die meisten?) Projektmanager sind nach frühestens sechs Tagen bis spätestens einem Jahr völlig gefrustet von ihrem Job. Zu viel Druck, zu viel Hektik, zu kurzlebige Anerkennung. Trotzdem gibt es Projektmanager, die würden ihren Job um nichts in der Welt eintauschen.

Sie sagen: «Es gibt nichts Schöneres als ein Projekt. Ein Projekt ist wie ein eigenes Baby. Man sieht es wachsen und gedeihen.» Sie begeistern, motivieren und identifizieren sich mit dem Projekt, wie es mit dem Tagesgeschäft und der Linienarbeit kaum möglich ist. Sie lieben Projektarbeit, da kaum etwas an ihr Routine ist. Fast alles ist täglich neu, immer wieder spannend. Erfahrene Projektleiter finden es herrlich, sich jeden Tag erneut dem Unvorhersehbaren zu stellen. Projektarbeit ist eine ständige Herausforderung und immer gut für persönliche Erfolgserlebnisse. Das heißt, wenn man sie richtig anpackt.

Wie man sie richtig anpackt, habe ich in den letzten 10 Jahren über 2000 Projektleitern und Projektmanagern in Trainings, Beratungen und Prozeßbegleitungen gezeigt. Sie alle hatten die Nase voll vom Projektfrust. Viele haben es schließlich geschafft, einen Frustjob in einen Job zu verwandeln, der ihnen Freude macht, Anerkennung bringt und oft genug die Karriere entscheidend beschleunigt. Manche schafften den spektakulären Turnaround, andere verbesserten ihre Lage in kleinen Schritten. Egal, welches Ziel Sie sich gesetzt haben: Es kann nur besser werden. Auf den folgenden Seiten helfe ich Ihnen dabei.

Das Leid des Topmanagers

Ich helfe Ihnen auch, wenn Sie bei der bisherigen Schilderung des Projektmanager-Schicksals sich nur indirekt angesprochen fühlten. Sie sind Topmanager, und der Projektmanager ist Ihr Mitarbeiter. Sie hatten eigentlich gedacht, daß Projektmanagement die Lösung aller Probleme bedeutet, wenn Sie bei ausgelasteten Kapazitäten und minimalem Budgetspielraum noch unbedingt einen wichtigen Kunden oder ein wichtiges Produkt «hereinnehmen» müssen. Aber irgendwie kam alles anders.

Die Projekte bringen die Linie durcheinander, werden – wenn überhaupt termingerecht – immer auf den letzten Drücker fertig und nie zu den vereinbarten Spezifikationen und kosten Sie Zeit, Zeit, Zeit und nochmals Zeit. Jedenfalls mehr, als Sie erübrigen können. Das liegt nicht am Projektmanagement an sich. Es liegt vielmehr daran, daß Sie viel Projekt und wenig Management haben. Wie Sie hier ein ausgewogenes Verhältnis herstellen, erfahren Sie auf den folgenden Seiten.

Die vier Frustpunkte des Projektmanagers

Wie wird man Projektmanager? Der Chef ruft Sie zu sich und sagt: «Ich habe da ein Problem. Und Sie sind der richtige Mann/die richtige Frau dafür. Machen Sie mal!» Mit stolzgeschwellter Brust gehen Sie raus: «Ich bin jetzt Projektleiter!» Der Stolz hält ungefähr zwei Minuten vor. Eben so lange, wie Sie brauchen, um an Ihren Schreibtisch zurückzugehen.

Übrigens, wenn wir im folgenden von Projektmanagern und Topmanagern reden, dann sind immer auch Projektmanagerinnen und Topmanagerinnen gemeint. Frauen machen ungefähr 10 bis 20 Prozent der Projektmanager aus. Aber nicht deshalb verwenden wir nur die männliche Form, sondern einfach, um den Lesefluß nicht unnötig aufzuhalten.

Da sitzen Sie also an Ihrem Schreibtisch und fragen sich: «Was hat der Boss denn eben alles erzählt?» Je länger Sie nachdenken, desto unklarer wird Ihnen Ihr Auftrag, seine Ziele und der Spielraum, den Sie haben. Mit jeder Minute Nachdenkens wird der Frust größer. Und das hat gute Gründe:

Frustpunkt 1: Zielunklarheit. Sie fragen sich: «Was sind eigentlich die konkreten Ziele für das Projekt?» So genau hat der Chef das gar nicht gesagt! Er hat zwar irgend etwas von «innovativ, schnell und bahnbrechend» gesagt, aber das ist alles andere als glasklar! Und überhaupt – was bringt das Projekt eigentlich dem Unternehmen? Ist es nicht eher ein «politisches» Projekt?

Frustpunkt 2: Termin- und Budgetknappheit. Natürlich soll das alles «so schnell wie möglich» erledigt sein und «so gut wie nichts» kosten! Weiß der Chef, was er da redet? Das kann er doch nicht ernst gemeint haben!

Frustpunkt 3: Keine Kooperation. Mit einem unguten Gefühl denken Sie sich: «Meine Güte, das schaffe ich ja gar nicht alleine! Ich brauche dafür mehrere andere Unternehmensbereiche. Aber wie soll das gehen? Jede Abteilung ist hier eine Firma in der Firma und kaum eine kooperiert mit der anderen. Außerdem habe ich überhaupt keine disziplinarische Kompetenz! Ich bin auf Gedeih und Verderb dem Wohlwollen der Bereichsfürsten ausgeliefert!»

Frustpunkt 4: «Hilfe! Ich fühle mich total überfordert! Mein interner Auftraggeber sprach zwar von ‹Innovation› und ‹Herausforderung›, aber was heisst das konkret? Wie macht man Innovation? Wie starte ich das Ganze? Was ist mein erster, was mein zweiter Schritt und wie gehe ich sicher, daß ich nicht den zweiten vor dem ersten mache und auf die Nase falle?»

Alle diese Gedanken gehen einem Projektmanager kurz nach der Auftragserteilung durch den Kopf. Sie gehen durch den Kopf, und die

Panik wächst. Wenn Sie ein erfahrener Projektmanager sind, wächst die Panik nicht mehr zu exorbitanten Ausmaßen an. Aber im Prinzip ist sie selbst bei alten Projekthasen an jedem neuen Projektstart latent vorhanden. Denn die vier Frustpunkte treten immer auf, egal, wie erfahren man ist. Vor jedem neuen Projekt steht man da und fragt sich: Mein Chef, dieser... Wie kann er mir das antun? Wie soll jemand bei so unklaren Vorgaben saubere Arbeit leisten? Macht der das absichtlich? Will er mich verheizen? Nein, will er nicht.

Tip für Topmanager: Projektfrust mildern

Natürlich wollen Sie als auftraggebender Topmanager Ihren Projektmanager nicht verheizen. Sie sind Vorstand, Geschäftsführer, Abteilungs- oder Bereichsleiter und haben wirklich Besseres zu tun als Ihre Humanressourcen zu zermürben. Sie haben keine Kapazitäten und kaum Budget frei, aber dieser eine Kunde oder diese eine Produktentwicklung muß unbedingt noch in Angriff genommen werden, weil der Markt das verlangt. Also holen Sie sich einen fähigen Mitarbeiter und machen ihn zum Projektmanager.

Frustpunkt 1: Zielunklarheit. Daß der Projektmanager sich innerlich über Zielunklarheit beschwert, ist nicht Ihre Schuld. Schließlich ist von allen großen Ideen am Anfang nur die Vision vorhanden. Wenn Sie dem Projektmanager alles haarklein beibringen würden, dann könnten Sie das Projekt schließlich selbst planen!

Frustpunkt 2: Termin- und Budgetknappheit. Natürlich soll das alles gestern fertig sein! Die Konkurrenz schläft nicht! Und natürlich würden Sie dem Projektmanager liebend gerne ein sattes Budget zur Verfügung stellen. Aber es ist mitten im Jahr, das Jahresbudget ist verplant, und ein Zusatzbudget bekommen Sie nie und nimmer durchgesetzt. Es sei denn, die Bude brennt.

Frustpunkt 3: Keine Kooperation. Na, dafür können Sie am wenigsten. Außerdem interessiert Sie das nicht primär, denn für die Zusammenarbeit mit den einzelnen Bereichen ist ja der Projektmanager zuständig, oder?

Sie haben also keinerlei Schuld, wenn Ihr Projektmanager gerade am Schreibtisch sitzt und über das Ei brütet, von dem er annimmt, daß Sie es ihm ins Nest gelegt haben. Sie haben es nicht! Aber das nützt Ihnen nichts. Ihr frischgebackener Projektmanager ist schon 120 Sekunden nach Projektstart frustriert. Und Frustrierte bringen keine Topleistung. Sie haben zwar keine Zeit, ihm das Projekt haarklein vorzukauen. Aber ein bißchen aufbauen könnten Sie ihn schon. Dann arbeitet er produktiver, und das Projekt läuft schneller, was wiederum Sie besser aussehen läßt. Es zahlt sich immer aus, wenn man seine Projektmanager gut führt. Also sorgen Sie bereits bei der Projektübergabe für klare Verhältnisse. Wie diese hergestellt werden, steht in Kapitel 2.

Ein Projektmanager sucht vergeblich

Inzwischen sucht der Projektmanager einigermaßen verzweifelt nach Rückendeckung. Er kauft Bücher und belegt ein «Projektmanagement-Seminar». Er bekommt

- Balkendiagramme
- Netzplantechniken
- PC-Tools
- Doku-Werkzeuge
- kritische Pfade und noch mehr Management-Latein.

Im Seminar haut man ihm die Projektmanagement-Fachbegriffe nur so um die Ohren. Der Projektmanagement-Trainer legt 200 Folien am Tag auf. Der ganze Klimbim leuchtet dem Projektmanager zwar einigermaßen ein. Aber nach jedem Seminar und jedem Buch fragt er sich: Und was fange ich jetzt damit an? Wenn sein Topmanager ihm darüber hinaus etwas Gutes tun will, dann schafft er ihm möglicherweise für mehrere tausend DM eine Projekt-Software an, die der undankbare Kerl dann ungebraucht vor sich hinrosten läßt. Denn für die Einarbeitung braucht er Wochen, und die Zeit hat er nicht! Was der Projektmanager auch versucht, wie viele Seminare er besucht und so viele Bücher er auch wälzt: So richtig vorbereitet fühlt er sich nicht. Was hilft ihm wirklich?

Wirklich helfen können Sie sich als Projektmanager nur selbst. Sie wissen, was Sie aufregt: die vier Frustpunkte. Das sind die vier Punkte, die Ihnen das Projekt und das Leben versauern. Also räumen Sie sie aus. Beim erstmöglichen Zeitpunkt: bei der Projektübergabe.

2 Projektübergabe: Die Grobplanung

Frustpunkt 1: Unklare Ziele

Sie haben also eben Ihr Projekt bekommen. Und jetzt schieben Sie Frust, aus den erwähnten Gründen. Was können Sie tun? Können Sie überhaupt etwas gegen den Frust tun? Aber sicher. Jeder bekommt nämlich das Projekt, das er verdient. Wenn der Chef Sie hereinruft, sich unklar ausdrückt und Sie nichts zur Klärung der unklaren Projektziele beitragen – wer soll Ihnen dann noch helfen? Also machen Sie sich bemerkbar. Aber nicht so: «Chef, das ist doch total schwammig, so geht das doch nicht.» In diesem Ton bringen Sie jeden Chef auf die Palme. Und klarer werden Ihre Projektziele durch einen tobenden Chef auch nicht. Also fragen Sie so, daß Sie eine brauchbare Antwort bekommen, etwa:

«Ich möchte einen guten Job machen. Sie haben mir eben kurz die Ziele angerissen. Da ist mir noch... und... unklar. Mit wem kann ich das abstimmen?»

Wenn Sie nicht nachfragen, woher soll der Chef dann wissen, daß Ihnen etwas unklar ist? Er kann das schließlich nicht riechen. Wenn Sie nachfragen, dann beantwortet er entweder – manchmal ungeduldig, aber immerhin – Ihre Frage oder er sagt Ihnen zumindest, woher Sie Detailangaben bekommen können: «Fragen Sie unseren Entwicklungsleiter, der weiß das genauer!» Und mit weniger als einer Auskunftsadresse sollten Sie sich nicht zufriedengeben.

Tip für Topmanager: Unbequeme Zielklärung

Wenn Sie als Topmanager einen Projektmanager haben, der Ihnen unbequeme Fragen stellt, dann können Sie sich gratulieren. Denn dank seiner wohltemperierten Nachfrage bei der Projektübergabe merken Sie tatsächlich, daß Sie

- womöglich selbst unklare Ziele von höherer Stelle bekamen
- die Projektziele nicht so durchdacht haben, wie Sie es üblicherweise tun.

Übers Projektmanagement kursiert ein Märchen, dem viele Führungskräfte aufsitzen: Wenn alles klemmt, keine Zeit, kein Geld und keine Leute für einen wichtigen Auftrag vorhanden sind, dann pfeift man sich schnell mal einen Projektmanager herein, und die Sache läuft. Wer diesem Mythos aufsitzt, darf damit rechnen, daß sein Projekt mit Getöse danebengeht. Es ist gerade umgekehrt. Wer nur einen Projektmanager hereinruft, das Projekt ablädt und dann zum Tagesgeschäft übergeht, kann sich sicher sein, daß etwas schiefläuft. Nur unerfahrene Projektmanager schlucken ein Projekt ohne Widerspruch. Gute Projektmanager stellen unbequeme Fragen. Zum Beispiel nach den unklaren Zielen.

Topmanager mit Projekterfahrung, das heißt Topmanager, deren Projekte on time und vor allem on budget einlaufen, erwarten von ihren Projektmanagern, daß sie unbequeme Fragen stellen. Bundesliga-Topmanager gehen noch einen Schritt weiter. Sie erziehen ihre Projektmanager dazu, unbequeme Fragen zu stellen. Denn sie wissen: Man bekommt immer den Projektmanager, den man sich erzieht. Und Weltklasse-Topmanager schließlich machen den letzten Schritt: Sie antizipieren die unbequemen Fragen des Projektmanagers bereits vor der Projektübergabe:

- Wo sind die Projektziele unklar?
- Kann der Projektmanager mit diesen Zielen konkret arbeiten?
- Und wenn nicht, wo und wie muß konkretisiert werden?

Frustpunkt 2: Knappe Termine

Auch hier gilt der Grundsatz: Sie müssen als Projektmanager Ihren Mund aufmachen, sonst werden Sie überfahren. Entweder Ihr Vorgesetzter will das Projekt «so schnell wie möglich» oder zu einem unmöglich erreichbaren Termin. Aber sagen Sie um Gottes willen nicht: «Chef, das ist völlig unmöglich zu schaffen!» So etwas will kein Chef der Welt hören, und es hilft Ihnen nicht im geringsten, wenn Ihr Vorgesetzter daraufhin auf die Palme geht: «Was heißt hier unmöglich? Bei Ihnen ist immer alles unmöglich!»

Argumentieren Sie nicht so, daß Ihre Arbeit schwerer, sondern daß sie leichter wird. Sagen Sie: «Auf den ersten Blick sind die Bereiche Controlling, Verkauf und die Sparte Chemie involviert. Ich würde vorschlagen, daß wir kurz die Zeiträume auflisten, die diese Bereiche bisher für vergleichbare Aufgaben benötigt haben.» Wenn Sie schlau sind, dann machen Sie das nicht mit einem einzigen Zeitraum pro Bereich, denn da gibt es immer Streit. Sie sagen zwei Monate und Ihr Chef sagt zwei Wochen. Also nehmen Sie pro Bereich drei Zahlen: Optimistische, realistische, pessimistische Schätzung.

Dann summieren Sie die realistischen Durchlaufzeiten pro Bereich hoch – und erschrecken beide zu Tode: «Das Projekt dauert ja sechs Jahre!» Sie können versichert sein, daß Ihr Boss genauso überrascht sein wird wie Sie. Bislang hatte er nur eine tolle Idee, die unbedingt als Projekt realisiert werden muß. Und jetzt sieht er zum erstenmal, was das an Zeit kostet.

Was Sie eben im Grobdurchlauf gemacht haben, nennt man kapazitätstreue Planung. Denn Sie sind bei Ihrer Addition der Bereichs-Durchlaufzeiten davon ausgegangen, daß für Ihr Projekt in den einzelnen Bereichen keine zusätzlichen Kapazitäten freigemacht/eingestellt werden. Wenn aber die schockierenden sechs Jahre Endsumme zu hoch sind, können Sie auch umgekehrt rechnen: termintreue Planung.

Ihr Vorgesetzter sagt: «Sechs Jahre? Das geht doch nicht! Nein, das Ding muß spätestens am 31.12.200x am Markt sein.» Der Termin ist also fix – wie viele Leute brauchen Sie, um ihn zu halten? Und wenn Sie das hochrechnen – also von Controlling brauche ich eine Vorkalkulation, das sind etwa zwei Personentage, von F&E brauche ich... – dann erschrecken Sie genauso: «O Gott, uns fehlen 100 Leute!»

Doch vom Schreibtisch aus sollten Sie das nicht entscheiden. Sagen Sie: «Ich schlage vor, daß ich mit dieser groben Terminplanung in die einzelnen Bereiche gehe und nachfrage. Dann wird die Planung genauer und vor allem zuverlässiger. Vielleicht können die Bereiche ja irgendwoher Kapazität mobilisieren. Sobald ich das habe, treffen wir uns wieder und wir können dann mit realistischeren Terminen planen.»

Tip für Topmanager: Termindruck lohnt nicht

Seien Sie dankbar, wenn Sie Ihr Projektmanager bei der Termingrobplanung schockt. Besser jetzt als mitten im Projekt, wenn Ihnen möglicherweise ein Kollege über die Schulter schaut und spöttisch meint: «Na, was ist? Kommt das Projekt jetzt oder was?»

Aber das ist eher unwahrscheinlich. Wahrscheinlicher ist, daß Sie sehr wohl ahnen, daß das Projekt mehr Zeit und Leute braucht, als Ihnen lieb ist – gerade deswegen machen Sie die Aufgabe als «Projekt»! Weil Sie in der Linie weder Zeit noch Leute verfügbar haben! Und das Schöne am Projektmanagement ist doch: Trotz unmöglicher Termine und Null Kapazität schafft der Projektmanager es irgendwie! Mit totaler Motivation, 24-Stunden-Tagen und 2 Litern Kaffee stündlich schafft der wilde Hund von Projektmanager das doch immer wieder. Leider.

Denn ewig macht das kein Organismus mit. Die Leute brennen aus. Die Linie auch. Sie hält den dauernden Querbeschuß der Projekte nicht aus. Projektmanagement ist so beliebt, weil es bei den ersten paar Projekten dank Übermotivation der Projektmanager tatsächlich wahre Wunder bewirkt. Das hört und liest man allenthalben. Von den Projektmanagern und Betrieben, die sich bei dieser fortwährenden Ochsentour zugrunde gerichtet haben, liest man nur im Konkursregister der Zeitungen. Und wer liest das schon?

Manchmal haben Sie als Topmanager ja wirklich keine Wahl und müssen ein Projekt auf Biegen und Brechen «reindrücken». Das geht auch manchmal gut. Ab und zu hochtourig im dritten Gang zu überholen geht schon. Aber auf Dauer brennt Ihr Unternehmensmotor dabei aus. Erfahrene Topmanager haben das inzwischen bemerkt und denken langfristig: Je besser die Linie, desto seltener muß die Projektfeuerwehr löschen. Also machen sie langfristig die Linienabläufe effizienter. Sie verbessern die Problemlösefähigkeiten der Mitarbeiter. Dadurch lassen sich beispielsweise die chaotischen, zeitfressenden 8-Stunden-Meetings, in denen man sich 6 Stunden lang im Kreise der Schuldzuweisungen dreht, auf 2 Stunden verkürzen – und deren Ergebnisse verbessern.

Dem Projektmanager einen unmöglichen Termin aufs Auge zu drücken funktioniert kurzfristig. Wer diese Praxis des Reindrückens jedoch langfristig pflegt, sägt am eigenen Ast.

Frustpunkt 2a: Es darf nichts kosten

Manchmal kommt man sich als Projektmanager leicht auf den Arm genommen vor. Ihr Vorgesetzter setzt Ihnen den Kostenrahmen:

- «Sie dürfen keine externen Kosten verursachen.»
- «Binden Sie um Himmels willen nicht zu viele unserer Leute!»
- «Wirbeln Sie intern nicht so viel Staub auf.»

Was immer der letzte Punkt auch heißen mag. Beispielsweise daß Sie nicht das Controlling für die dringend benötigte zweitägige Vorkalkulation einspannen sollen. Wie soll denn das funktionieren? Aber sagen Sie das auf keinen Fall laut. Ihr Boss geht an die Decke. Sagen Sie statt dessen: «Moment mal, ich überschlage kurz, was ich voraussichtlich benötigen werde.» Sie können wieder variieren: Was Sie optimal, realistisch, zumindest brauchen werden. Das können Sie am besten, wenn Sie ein erfahrener Projektmanager sind. Wenn dies jedoch Ihr erstes Projekt ist, dann haben Sie ein Problem.

Entweder Sie leben ohne Kostenvoranschlag locker in den Tag hinein und stellen dann mitten im Projekt schockiert fest, was Sie tatsächlich brauchen. Oder aber Sie schalten bei der Projektübergabe Ihren gesunden Menschenverstand ein. Umsonst ist nichts, das wissen Sie. Sie wissen auch so ungefähr, welche Bereiche Sie für ein Projekt brauchen und welche Leistungen extern eingekauft werden müssen, weil es beispielsweise keine interne Marktforschungsabteilung gibt. Das heißt, selbst wenn Sie die konkreten internen Kosten nicht kennen, können Sie zumindest die Kostenarten abschätzen: Unterstützung von Marketing, eine Analyse des Labors usw. Das kann man auch ohne Projekterfahrung mit ein bißchen Nachdenken aus dem Stegreif sagen. Die Amerikaner sagen: Think on your feet! Also sagen Sie Ihrem Vorgesetzten, was an Kostenarten auf Sie zukommen wird. Damit weiß er dann zumindest von Anfang an, daß seine Vorstellung von «darf so gut wie nichts kosten» nicht haltbar ist und er ein grob geschätztes Mindestbudget bereitstellen muß.

Tip für Topmanager: Wie man Kosten drückt

«Nichts kosten» ist zwar schön, aber im Grunde wissen Sie als auftraggebender Topmanager, daß das nicht geht. Ein guter Projektmanager sagt Ihnen das auch. Ein schlechter wartet damit bis mitten im Projekt und präsentiert Ihnen dann die Rechnung. Dann stehen Sie ungleich schlechter da, wenn Sie den Erbsenzählern im Controlling erklären müssen, woher die Budgetüberschreitung kommt. Also erschießen Sie Ihren Projektmanager nicht, wenn er Ihnen die Kosten vorrechnet. Reden Sie mit ihm. Sagen Sie: «Lieber Projektmanager, machen Sie doch bitte keine externe Marktforschung. Das kostet nur und bringt nicht viel. Fürs erste reicht mir, wenn Sie die Leute aus dem Verkauf repräsentativ interviewen. Und nehmen Sie auch die Marketingleute nicht zwei Tage in Beschlag. Gehen Sie mal vier Stunden zum Stabsassistenten, den kenne ich gut, ich besorge Ihnen einen Termin.»

Reden Sie mit Ihrem Projektmanager über die Kosten. Drüber reden kostet zwar etwas Zeit und Mühe, aber Sie ersparen sich damit später viel Ärger.

Frustpunkt 3: Keine Kooperation

Als Projektmanager brauchen Sie die Mitarbeit einiger Abteilungen und Bereiche, können sie aber selbst nicht einholen. Das kann nur der mächtige Auftraggeber. Also helfen Sie ihm aufs Pferd: «Mir ist klar, daß wir noch mit F&E, dem Labor und Marketing die Projektziele abstimmen müssen. Ich schlage vor, daß ich Ihnen bis morgen eine Aufstellung der offenen Punkte mache, die man mit den Abteilungsleitern klären muß. Aber das kann nicht ich tun. Das liegt nicht in meiner Kompetenz.» Wenn Ihr Boss daraufhin immer noch nicht seine Hausaufgaben machen will, sagen Sie: «Ich habe nicht die Kompetenz, mit Abteilungsleitern zu verhandeln. Es sei denn, Sie geben mir das Mandat, die Zielklärung durchzuführen.» Das ist das erste Prinzip des Projektmanagements: Alles auf den Tisch! Probleme ansprechen, nicht schlucken. Schlucken frustet.

Manchmal hilft es auch, wenn man den Chef ein bißchen lobt und indirekt fragt: «Chef, für das Projekt brauchen wir nach meiner Einschätzung die Schulungsabteilung, die Qualitätssicherung und die Arbeitsvorbereitung im Boot. Aber die QS, die macht doch öfters Probleme. Könnten Sie da nicht ein bißchen Gutwetter machen?»

Es ist Ihre verdammte Pflicht und Schuldigkeit als Projektmanager, die Unterstützung Ihres Bosses einzufordern. Von alleine tut er das nicht. Fragen Sie während des gesamten Projektes immer höflich, sachlich und laut die nötige Unterstützung nach. Es ist Ihr Projekt. Sie sind der einzige, der diese Unterstützung einfordern kann. Und einfordern muß man sie. Geschenkt bekommt man auf dieser Welt nur wenig.

Tip für Topmanager: Kooperation sichern

Wie sieht das aus, wenn Ihr Projektmanager den Kollegen unter vorgehaltener Hand mitteilt: «Mein Chef läßt mich ganz schön hängen, wenn es um die Einforderung der Kooperation der anderen Bereiche geht.»? Als Manager schießt man sich damit ins eigene Bein. Es gibt Unternehmen, in denen bestimmte Vorgesetzte keine Projektmanager mehr bekommen, weil jeder Mitarbeiter sich mit Händen und Füßen dagegen wehrt, Ausreden und hochwichtige Scheintätigkeiten erfindet und Pseudoprojekte vorschützt, nur um bloß nicht ein Projekt von diesem Vorgesetzten zu bekommen, der einen voll im Regen stehen läßt.

Den eigenen Projektmanager gegen die Schnittstellen-Betonwände im Betrieb rennen zu lassen, geht einige Male gut. Dann gehen einem die Projektmanager aus. Erfahrene Topmanager fragen sich daher vor der Projektübergabe:

- Sind alle beteiligten Bereiche informiert und abgestimmt? Im Konsens?
- Wer will das Projekt und wer will es nicht? Wo also sind die Fraktionen und wo die schlummernden Konflikte?
- Wo muß ich meinen Projektmanager deshalb vorwarnen und im Konflikt begleiten?

Wenn beispielsweise das Labor schon signalisiert hat: «In den nächsten 6 Monaten keine Kapazitäten frei!», dann muß man(ager) das seinem Projektmanager sagen. Sonst läßt man ihn, das Projekt und letztendlich seine eigene Karriere ins offene Messer laufen.

Für erfahrene Topmanager ist übrigens die bequemste Lösung der Kooperationsklärung das Verhandlungsmandat für den Projektmanager. Man schreibt einfach eine Hausmitteilung oder Direktive, in der man den Projektmanager zum Marschall ernennt und formell mit der Zielklärung beauftragt. Oder man verkündet es in der nächsten Abteilungsleiter-Besprechung, in der alle beteiligten Abteilungsleiter versammelt sind. Damit ist allen Abteilungsfürsten klar: Der Projektmanager handelt im Auftrag und mit direkter Rückendeckung des Topmanagers. Natürlich sollte man nur einen erfahrenen Mitarbeiter zum Marschall ernennen.

Frustpunkt 4: Total überfordert

Das sind Sie als Projektmanager nach der Lektüre der letzten Seiten jetzt nicht mehr. Sie wissen, was und wie Sie es einfordern müssen. Sie sind gut vorbereitet. Sie wissen:

- Wer schweigt, ist selber schuld.
- Wer geschickt fragt, kriegt, was er braucht.
- Ein Projektmanager muß mit den Leuten reden, reden, reden.
- Probleme immer auf den Tisch!
- Vergessen Sie (fürs erste) Netzpläne, Projektsoftware und andere zeitraubende Spielereien. Verlassen Sie sich bei der Projektübergabe auf Ihren gesunden Menschenverstand.

- Wenn Sie bei der Projektübergabe Ihren Mund nicht aufmachen, werden Sie es während des gesamten Projektes büßen.
- Deshalb ist Projektfrust immer selbstgemacht.
- Sie müssen Ihren Vorgesetzten ein bißchen quälen. Von alleine klärt er weder die Ziele, noch holt er die Kooperation der Bereiche ein.
- Lassen Sie sich nicht entmutigen. Seien Sie hartnäckig. Es zahlt sich aus.

Auf einen Blick: Die Grobplanung bei der Projektübergabe

Gefahr:

Jemand halst Ihnen ein Projekt auf, und nach zehn Sekunden stehen Sie völlig gefrustet da, weil Ihnen eigentlich nicht klar ist, was Sie womit bis wann erreichen sollen.

☺ **Abhilfe:**

- Jeder Projektmanager bekommt das Projekt, das er verdient. Wenn Ihnen bei der Projektübergabe etwas unklar ist, dann: Sofort auf den Tisch damit! Insbesondere klären Sie folgende Punkte:
- Was genau ist das Projektziel? Möglichst in Zahlen und harten Spezifikationen. Wenn's der Auftraggeber nicht genau weiß, fragen Sie ihn, wer es genauer wissen könnte.
- Bevor Sie zu einem Abgabetermin Amen sagen, überschlagen Sie noch im Büro des Auftraggebers, welche Bereiche involviert sind und wie lange diese brauchen werden. Das ergibt ein viel realistischeren Endtermin, als es der Wunschtermin des Hierarchen ist.
- Überschlagen Sie in gleicher Weise die Kosten und stellen Sie sie den Wunschkosten des Topmanagers («Darf nichts kosten!») gegenüber.
- Nehmen Sie kein Projekt an, wenn die Bereiche nicht verständigt wurden. Diese Hausaufgabe muß Ihr Auftraggeber erledigen. Machen Sie ihn so lange darauf aufmerksam, bis er es tut.

3 Kick-off: Die Detailplanung

Erfolg ist planbar

Wenn Sie bei der Projektübergabe Ihrem Vorgesetzten alles, was Ihnen unklar war und was Sie brauchen, offen und mutig auf den Tisch gelegt haben, dann haben Sie jetzt:

- eine relativ klare Zielvorstellung (wenigstens klarer als zuvor)
- eine Grobplanung für Termine, Kosten und Kapazitäten
- das Versprechen Ihres Vorgesetzten, die Unterstützung der Bereichsleiter einzuholen.

Außerdem wissen Sie jetzt, was ungefähr auf Sie zukommt, was Ihr nächster Schritt ist: mit den «Bereichsfürsten» zu sprechen, um die Grob- in eine Detailplanung umzuwandeln. Das ist wichtig. Denn wenn Sie sich bei Ihrer Grobplanung auch nur pro Bereich um eine Woche geirrt haben, dann haben Sie schon eine spätere Terminverzögerung von ein bis zwei Monaten im Projekt, noch bevor das Projekt überhaupt startet. Das ist logisch, aber nicht normal. Normal ist etwas ganz anderes.

Im Normalfall hat jemand eine ganz tolle Projektidee, schnell ist ein Projektmanager bestimmt, man legt ohne Verzögerung los, unterwegs treten ein paar Hindernisse auf, die Ziele werden hektisch angepaßt, das Budget überschritten, und alles endet in Chaos und Frust im Quadrat. Warum?

«Denken vor Handeln» sagt ein geflügeltes Wort. Wenn Sie ein schiefgelaufenes Projekt betrachten, können Sie mit bloßem Auge zwei Projekthälften erkennen. In der ersten Hälfte der Zeit läuft alles glatt. Dann tauchen die Probleme auf. Sie tauchen immer dann auf, wenn man in der ersten Projekthälfte geschlafen hat. Man hat nicht nachgedacht, man ist gleich losgerannt. Wenn man's schließlich merkt, kommt es meist ziemlich teuer. Das ist wie in der Luftfahrt. Je später man die Kursabweichung bemerkt, desto teurer kommt die Kurskorrektur.

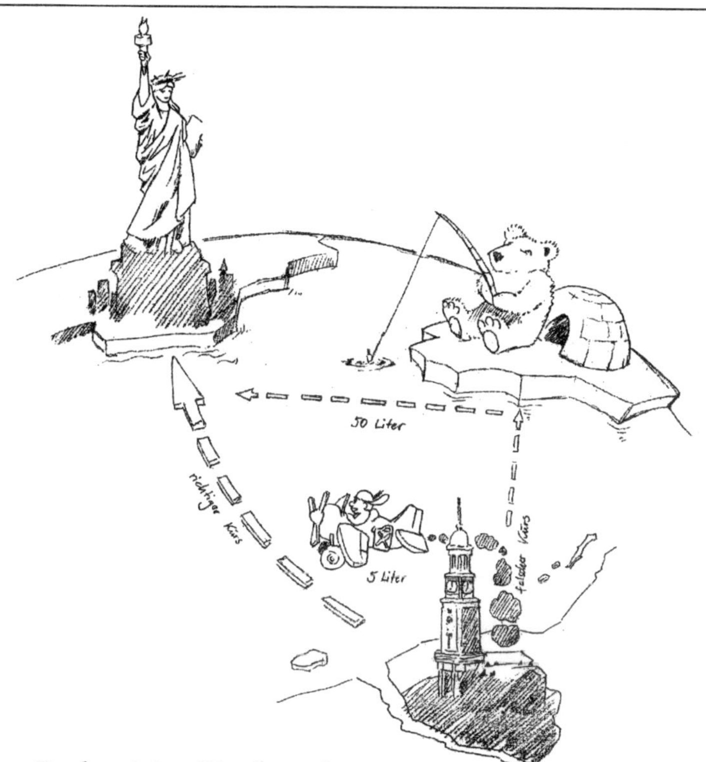

Rechtzeitige Kurskorrektur

Es kostet weniger Treibstoff, 10 Meilen nach dem Abheben vom Flughafen den Kurs zu korrigieren als 100 Meilen danach.

In der ersten Projektphase kaufen Sie vielleicht eine Maschine, nur um in der zweiten Phase festzustellen, daß die Kapazität völlig fehldimensioniert ist. Dann ist die Maschine schon bezahlt. Hätte man erst nachgedacht, wäre die Panne vielleicht vermeidbar gewesen. Mit einer sauberen Planung vermeiden Sie solche Desaster.

Eine saubere Planung bedeutet in erster Linie: Kapazitäts-, also Personalplanung. Wie viele Personen werden wie viele Tage aus jedem Bereich benötigt? Das wissen die Bereiche selbst am besten. Also fragen Sie sie. Das können Sie auf zwei Arten tun:

a) per Einzelbesuch: Sie besuchen nacheinander die Bereichsfürsten.
b) per Kick-off-Meeting: Alle Bereichsfürsten kommen zu einem Meeting zusammen.

Der Begriff «Kick-off-Meeting» wird übrigens unterschiedlich verwendet. Manche Unternehmen verstehen darunter ein Meeting, bei dem alle Bereichsleiter zu einer Detailplanung zusammenkommen. Andere Unternehmen verstehen darunter das motivierende Meeting, das nach der Detailplanung stattfindet, um alle Projektteilnehmer «heiß» aufs Projekt zu machen. Wenn wir in diesem Buch von Kick-off sprechen, dann meinen wir das Meeting zur Detailplanung mit den Bereichsleitern. Denn wenn schon detailgeplant wird, ist quasi der «Anstoß» zum Projekt bereits erfolgt.

Die Einladung zum Kick-off-Meeting

Der erste Fehler beim Kick-off-Meeting kann schon bei der Einladung passieren: «Freitag, 10 Uhr, es geht um ein neues Projekt.» Bei so einer Einladung ist selbstverständlich, daß die Teilnehmer unvorbereitet und unmotiviert kommen, die falschen – wenn überhaupt – Unterlagen dabeihaben und das Meeting floppt. Natürlich steht es jedem Projektmanager frei, einen Fehlstart hinzulegen. Aber wer will sich schon das Leben unnötig schwer machen?

Eine gute Einladung ist die halbe Miete fürs Meeting. Sie sagt den Teilnehmern, was Sache ist. Denn sobald Sie das Wort «Projekt» fallenlassen, haben die Bereichsfürsten Fragen. Diese muß Ihre Einladung beantworten:

- Was ist das Ziel des Projekts?
- Was bringt es dem Unternehmen?
- Wer ist der Auftraggeber?

- Welche Bereiche sind beteiligt?
- Wann und wo ist das Meeting?
- Wer lädt ein?

Ein ganz dummer Fehler ist, wenn am Ende der Einladung nur die Unterschrift des Projektmanagers steht. Wenn ein Auftraggeber seinem Projektmanager ein Ei ins Nest legen will, dann «vergißt» er einfach, seinen Ernst-Wilhelm drunterzuhängen. Das ist das Zeichen für alle Beteiligten, daß kein Mächtiger hinter dem Projekt steht und man es im Kick-off-Meeting kräftig sabotieren kann, ohne Konsequenzen befürchten zu müssen. Wenn überhaupt jemand mit Kompetenz das Meeting besucht.

Insbesondere unerfahrene Projektmanager meinen manchmal, es würde die Bereichsleiter noch besser informieren, wenn sie zur Einladung auch gleich ihre Kapazitäts-Grobplanung legten. Damit die Bereichsleiter wissen, was auf sie zukommt. Das ist nicht empfehlenswert, weil es nach hinten losgehen kann. Die Bereichsleiter könnten das falsch verstehen. Nämlich als Einmischung in ihre Planungskompetenz. In wie vielen Personentagen ein bestimmter Bereich sein Teilpensum schafft, möchte allein der Bereichsleiter bestimmen. Die Bereichsleiter sind ohnehin «schwierig» genug.

Deshalb nehmen Unternehmen mit Projekterfahrung für den Kick-off von Großprojekten meist einen externen Projektmoderator hinzu. Dieser kühlt gekonnt erhitzte Gemüter ab und sorgt dafür, daß das Meeting auf einem sachlichen Niveau abläuft. Adressen von guten Moderatoren hat Ihr Personalentwickler oder Weiterbildungsreferent. Oder fragen Sie Kollegen in anderen Unternehmen, die schon Moderatoren eingesetzt haben.

Ein Fehler, der leider immer noch viel zu häufig auftaucht, ist die falsche Wahl des Sitzungsortes. Im eigenen Unternehmen hat man nie ganz seine Ruhe. Immer wieder stört jemand mit etwas «ganz Dringendem». Deshalb finden inzwischen viele Kick-off-Meetings vor allem für Großprojekte im Tagungshotel statt.

Der Bereichsleiter als Planungsengpaß

Wen laden Sie zum Kick-off-Meeting ein? Und wer kommt nicht? Der Bereichsleiter. Selbst wenn Sie Einzelbesuche machen, kann es Ihnen als Projektmanager passieren, daß Sie einzelne Bereichsleiter nicht zu fassen kriegen: «Tut mir leid, keine Zeit, machen Sie einen Termin mit meiner Assistentin.» Der nächste freie Termin ist an Weihnachten – in drei Jahren.

Und wenn Sie den Bereichsleiter mit Ihrer Hartnäckigkeit schließlich doch irgendwann erweicht haben, sagt er: «Also gut, zehn Minuten, machen Sie's kurz.» Sobald Sie dann konkret werden und Personentage mit ihm verhandeln wollen, kneift er ab: «Tut mir leid, Ihre Zeit ist um, ich muß zum Termin.» In diesem Fall fordern Sie die Unterstützung Ihres Auftraggebers an. Höflich, aber bestimmt. Schließlich können Sie kein Projekt realisieren, wenn bestimmte Bereichsleiter sich verweigern.

Tip für Topmanager: Detailplanung unterstützen

Es versteht sich von selbst, daß Sie als Auftraggeber vor dem Kick-off-Meeting kurz mit den einzelnen Bereichsleitern sprechen: «Kommst Du?» Im Regelfall kommt er nicht. Er schickt seinen Stellvertreter, wenn Sie Glück haben. Wenn Sie Pech haben, schickt er einen «Meeting-Touristen» ohne ausreichende Kompetenz. Die Kompetenz braucht er nicht. Denn der Bereichsleiter hat ihm lediglich die Order gegeben: «Setz dich rein und lausch mal, was da verhandelt wird.» Dieser Tourist gibt – wenn überhaupt – nur ungenaue Zahlen heraus. Ihre Detailplanung können Sie vergessen. Warum tut der Bereichsleiter Ihnen und Ihrem Projekt das an?

Der Bereichsleiter ist kein Saboteur. Er will lediglich seine Ruhe. Er will in Ruhe seine Linienaufträge abwickeln. Und jedes Projekt stört die Linienaufträge. Außerdem stellt es die Leistungsfähigkeit seines Bereichs auf die Probe: Schafft er's, das Projekt unterzubringen, obwohl er total verschlankt wurde? Drittens hatte der Bereichsleiter jahrelang die totale Herrschaft über seine Kapazitätsplanung. Und jetzt soll er plötzlich andere hineinblicken lassen?

Es ist also durchaus menschlich, wenn der Bereichsleiter sich vor Ihrem Kick-off-Meeting drücken will. Genauso verständlich ist, daß Sie das vermeiden wollen. Also sprechen Sie als Auftraggeber vor dem Meeting kurz mit dem Bereichsleiter, lassen Sie Ihre kommunikative Kompetenz spielen und motivieren Sie ihn ein bißchen. Mit hartnäckiger Höflichkeit erreichen Sie es, daß der Bereichsleiter schließlich doch zusagt oder zumindest einen kompetenten Stellvertreter schickt. Dann kann's losgehen.

Jedes Projekt hat ein oder mehrere quertreibende Bereichsleiter, die in Einzelgesprächen außerhalb des Kick-off-Meetings zur Detailplanung «gezwungen» werden müssen und monatelang keinen Termin dafür freimachen. Als auftraggebender Topmanager sollten Sie Ihren Projektmanager nicht im Regen stehen lassen. Sie haben den besseren Draht zum Bereichsleiter. Also verschaffen Sie Ihrem Projektmanager erst einmal den nötigen Termin für die Detailplanung beim Bereichsleiter – oder bei einem kompetenten Stellvertreter.

Die fiesen Tricks bei der Detailplanung

Egal, ob im Kick-off-Meeting oder im Einzelgespräch: Jetzt machen Sie als Projektmanager die Detailplanung. Die Bereichsleiter sind informiert, was das Projekt will, wann es fertig sein muß und welche groben Aufgaben die einzelnen Bereiche übernehmen sollen. Nun werden die Aufgaben anhand von genauen Inhalten detailliert und die jeweiligen Aufwände in Personentagen aufgelistet. Haben Sie damit, was Sie wollen? Pustekuchen!

Es mag schon vorkommen, daß ein Bereichsleiter offen und ehrlich plant. Aber das ist eher selten der Fall. Denn wir wissen ja: Das Projekt «stört» die Linie. Deshalb drückt sich der Bereichsleiter möglichst vor dem Kick-off-Meeting. Deshalb plant er im Meeting nicht offen und ehrlich. Aus seiner Sicht ist das keine Schweinerei, sondern ganz rational. Er möchte nur seine Ruhe haben. Daher sagt er auch zu allem: «Jaja, schaffen wir schon.» Er ist eben Berufsoptimist. Vielleicht überblickt er die Sachlage im Moment nicht so gut. Oder er überschätzt die Leistungsfähigkeit seines Bereichs. Er stellt sie besser dar, als sie ist. Man nennt das Overreporting.

Genausogut kann es passieren, daß der Bereichsleiter die Leistungsfähigkeit seines Bereiches herunterspielt: «Hoho! 40 Tage! Wir brauchen mindestens 60!» Denn wenn er schon das vermaledeite Projekt hereinnehmen muß, dann mit einem ausreichenden Sicherheitspuffer. Eigentlich gingen Sie mit der Erwartung einer offenen, ehrlichen Detailplanung in die Planungsgespräche. Was fangen Sie nun mit diesen verzerrten Zahlen an?

Abhilfe bei Overreporting: Ehrlichkeit

Es passiert ganz selten, daß im Kick-off-Meeting der Ranghöchste, beispielsweise ein Vorstandsmitglied, sagt: «Erzählt mir hier keine Märchen. Sagt mir offen und ehrlich, wie viele Tage ihr braucht, dann verhandeln wir offen und ehrlich.» Das ist natürlich die beste Lösung. Da normalerweise jeder lügt, daß sich die Balken biegen, weiß eigentlich niemand so recht, wie leistungsfähig ein Bereich tatsächlich ist. Braucht er nun tatsächlich 60 oder eher 40 oder doch 80 Tage? Macht er Under- oder Overreporting?

Deshalb ist der eigentliche Witz am Projektmanagement nicht so sehr das Projekt. Obwohl es immer ein Fest ist, wenn ein Projekt on time und on budget in den Hafen läuft. Das ist der kurzfristige Erfolg. Der langfristige Erfolg von Projektmanagement liegt in seinem strukturellen Effekt. Sobald man nämlich bei der Detailplanung für ein bestimmtes Projekt offen und ehrlich redet, kommen die Leichen im Keller ans Tageslicht.

Das sind die Engpässe, die man bisher immer schamhaft verschwieg und die über die Jahre total tabuiert wurden. Man redet nicht darüber. Und man redet nicht darüber, daß man nicht darüber redet. Da ist zum Beispiel das viel zu kleine Testlabor, das die Auftragsflut seit Jahren nur noch mit halblegaler Sonntagsarbeit erledigen kann. Da ist eine viel zu geringe Maschinenkapazität im Versand, die bereits fertiggestellte Aufträge aufhält. Da sind zu kleine Teams, veraltete Technologien und die nicht ausreichende Qualifikation der Mitarbeiter. Sogar große Strategiedefizite werden entdeckt, sobald man bei einem kleinen Projekt nur offen und ehrlich miteinander redet.

Richtig praktiziert bringt Projektmanagement eine ungeheure Transparenz ins Unternehmen, indem es lange verschwiegene strukturelle Defizite ans Tageslicht holt. Ein hübscher «Nebeneffekt», finden Sie nicht? Doch, wie gesagt, Ehrlichkeit ist keine Tugend in Unternehmen. In meiner Praxis ist es mir bisher nur einmal passiert, daß ein Vorstandsmitglied sagte: «Also Leute, laßt uns ehrlich sein.» Da Sie als Auftraggeber oder Projektmanager nicht auf diesen Sonderfall warten können, müssen Sie sich anders helfen.

Abhilfe bei Overreporting: Sicherheitszuschläge

Als Projektmanager können Sie immer davon ausgehen, daß die Bereichsleiter etwas «ungenaue» Angaben machen. Ihre Zahlen sind cum grano salis zu nehmen. Wissen Sie, was einen guten Projektmanager ausmacht? Nicht so sehr seine Fachkompetenz. Sondern seine Sozialkompetenz. Sie können den Bereichsleiter natürlich auch einen verdammten Lügner nennen. Aber das wäre nicht sehr sozialkompetent. Außerdem hilft es Ihnen nicht, wenn der Bereichsleiter ausflippt. Viel höflicher und effektiver ist die Frage:

«Es hat, soweit ich mich erinnere, bei ähnlichen Aufgaben doch öfters kleine Verzögerungen gegeben. Ich bin verantwortlich für mein Projekt. Im Zweifelsfall trifft es also mich. Wäre es nicht sinnvoll, 30 Tage Sicherheitszuschlag hinzuzufügen?» Das ist wieder unser oberstes Prinzip des Projektmanagements: Alles offen auf den Tisch.

Sicherheitszuschläge sind ein wahrer Segen. Wenn ein Bereich zum Beispiel plötzlich zwei Wochen hinter oder 20 000 DM über Plan liegt, dann ist das kein Beinbruch, solange die Abweichung von einem Sicherheitszuschlag gepuffert wird. Der Bereich hat beispielsweise 40 Tage und 30 000 DM Puffer. Klingt gut, nicht? Wo steckt der Haken?

Der Haken ist, daß in den meisten Unternehmen, die im Brustton der irrigen Überzeugung behaupten, Projektmanagement zu betreiben, Puffer ein Fremdwort ist. Sie wissen ja: «Es darf nichts kosten und muß spätestens gestern fertig sein.» Wer so plant, puffert nicht. Machen Sie nicht mit bei diesem Harakiri-Spiel. Erfahrene Projektmanager planen bei allen zeit-, kosten- oder aufwandskritischen Arbeitspaketen Sicherheitspuffer ein. Wie groß sind diese?

Da gibt es nur eine Faustregel: Benutzen Sie Ihren gesunden Menschenverstand und zeigen Sie Mut. Bei besonders kritischen Vorgängen ist ein 100-Prozent-Puffer durchaus üblich. Der Bereich hat also beispielsweise 100 Tage Zeit und einen Puffer von 100 Tagen. Es gilt: Je größer das Risiko einer Abweichung und/oder je gravierender die Folgen einer Abweichung für das Restprojekt, desto größer ist der Puffer.

Bei EDV-Projekten stellt man immer wieder fest, daß man für die ersten 10 Prozent Zielerreichung schon 90 Prozent des Aufwands und der Zeit verbraucht. Das heißt, ein Puffer von 100 Prozent ist keinesfalls übertrieben. Was Sie an diesem Erfahrungswert sehr schön sehen können, ist das Pareto-Prinzip. Zwar fressen die ersten 10 Prozent Zielerreichung 90 Prozent der Zeit, doch für die «restlichen» 90 Prozent Zielerreichung reicht dann der Faktor 2. Nach den ersten 10 Prozent läuft das Projekt in der Regel sehr viel schneller.

Ihr Auftraggeber fällt vor Schreck um

Nehmen wir an, Sie haben die berufsoptimistischen Zahlen der beteiligten Bereichsleiter um einen vernünftigen Sicherheitszuschlag korrigiert. Dann liegen Sie mit dem Endtermin Ihrer Detailplanung meist über dem Endtermin Ihrer Grobplanung und auf jeden Fall über dem gewünschten Endtermin Ihres Auftraggebers. Sobald Sie ihm Ihre Detailplanung vorlegen, meint dieser: «Was? 420 Tage? Aber ich will, daß wir am 31.12. am Markt sind. Mir ist egal, wie Sie das machen.»

Die Versuchung ist natürlich groß, darauf zu antworten: «Aber Chef, wozu mache ich mir die Mühe einer Detailplanung, spreche mit den Bereichsleitern und plane die Kapazitäten, wenn Sie die Planung sowieso umschmeißen? Außerdem ist das nicht zu schaffen, und das wissen Sie.» Das ist zwar die Wahrheit, aber die Wahrheit möchte Ihr Auftraggeber nicht hören. Das artet schnell in einen Streit aus, ob oder ob nicht der 31.12. zu schaffen ist. Streiten Sie nicht; bei Mächtigen ziehen Sie immer den kürzeren. Holen Sie statt dessen Ihren Auftraggeber wieder auf den Boden der Realität zurück. Den hat er mit der Äußerung verlassen: «Mir ist egal, wie Sie das machen.» Bringen Sie ihn wieder zurück zur Kapazitätsrealität. Sagen Sie:

«Ich möchte gerne bis zum 31.12. am Markt sein. Aber dann muß ich jeden Bereich um 10 Tage drücken. Und das kann ich nicht. Dafür habe ich keine Kompetenz.» Unausgesprochen: Aber Sie haben sie, also machen Sie mal. Natürlich wird Ihr Auftraggeber das nur ungern tun. Also zeigen Sie ihm Alternativen auf:

- «Wir könnten, um Zeit zu sparen, auch diese und diese Leistung außerhalb einkaufen.»
- «Könnten Sie nicht noch einmal mit Ihrem Auftraggeber reden, vielleicht reicht auch der 31.1.? Am Jahresende sind doch sowieso alle in Urlaub.»
- «Mit drei Neueinstellungen an den Engpässen könnten wir es schaffen. Könnten Sie da nicht mal tätig werden? Die Leute brauchen wir doch ohnehin auch über das Projekt hinaus.»
- «Könnten wir nicht diese und jene Spezifikation etwas lockern? Das sind die 10 Prozent Output, die 90 Prozent der Zeit fressen und nicht einmal besonders zum Projektnutzen beitragen.»

Unter diesem Bombardement der Vorschläge wird es Ihrem Auftraggeber schwerfallen, nicht doch mit sich reden zu lassen. Sie sehen: Wann immer Sie als Projektmanager sich nicht kleiner, machen als Sie sind, und selbstbewußt auftreten, lohnt es sich für Sie. Sie sind Projektmanager. Also kein Befehlsempfänger, sondern ein Verhandlungspartner. Leider, leider sind noch viel zu viele Projektmanager viel zu schüchtern. Deshalb sind sie so frustriert. Sie verhandeln nicht, sie schlucken.

Schlucken Sie nicht!

Tun Sie sich das nicht an. Wenn Ihr Auftraggeber Ihre Detailplanung umschmeißt und fordert: «31.12. Egal, wie Sie das schaffen!», dann verhandeln Sie! Wenn Sie verhandeln, können Sie gewinnen oder verlieren. Wenn Sie nicht verhandeln, verlieren Sie immer.

Ein Projektmanager bei einem Maschinenbauer, der seinen unmöglichen Termin schluckte, stand jeden Tag um sechs Uhr in der

Früh in der Firma, fuhr selbst den Gabelstapler, schweißte und schraubte sein Projekt selbst zusammen und schaffte tatsächlich den Termin. Er nahm den Bereichen alle Arbeit ab, die er irgendwie selbst erledigen konnte. Er war sein eigener Controller, Qualitätssicherer, Entwicklungsingenieur und Marketingstratege. Er arbeitete täglich 16 Stunden und war danach fix und fertig. Der Dank dafür? Er bekam ein neues Projekt mit einem noch viel unmöglicheren Termin, weil er den unmöglichen ersten Termin «so gut geschafft hat». Wenn er das noch lange durchhält, hat er demnächst einen Herzinfarkt. Burnout nennen die Arbeitspsychologen das.

Kurzfristig ist Runterschlucken eine Problemlösung. Langfristig ist sie ein Problem. Was ist die langfristige Lösung? Kündigen, den Mund aufmachen oder den Bypass pflegen.

Tip für Clevere: Projekt im Bypass

Erfahrene Projektmanager fahren bei «unmöglichen» Projektvorgaben eine Doppelstrategie. Sie verhandeln einerseits auf Teufel komm raus mit ihrem Auftraggeber und holen tatsächlich eine Terminverlängerung, eine Budgetaufstockung oder Abstriche bei den Zielen heraus. Aber selbst danach ist der Termin noch ziemlich unmöglich. Deshalb starten erfahrene Projektmanager eine zweite Strategie: Sie setzen auf den kleinen Dienstweg. Die Bereichsleiter können sie nicht von den beim Kick-off vereinbarten Vorgaben herunterhandeln. Also handeln sie die Assistenten der Bereichsleiter herunter.

Wenn man erfolgreiche Projektmanager nach dem Geheimnis ihres Erfolges fragt, hört man meist: «Wir Indianer kooperieren prima miteinander.» Zwar hat der Marketingleiter beim Kick-off 40 Tage für das Marketing-Arbeitspaket veranschlagt. Aber weil Sie einen Junior-Produktmanager aus seinem Bereich kennen, macht der's für Sie in der Hälfte der Zeit. Vitamin B. Der Bereichsleiter wird gebypaßt – geschickt umgangen.

Der Bypass funktioniert nicht nur, wenn Sie schon jahrelang im Unternehmen sind und sich ein zuverlässiges informelles Netzwerk aufgebaut haben. Selbst als kompletter Neuling lohnt es sich, wenn Sie mit dem zuständigen Fachmann in der jeweiligen Abteilung sprechen. Der Mann/die Frau sieht dann, daß das Projekt nicht nur «irgend so ein Projekt» ist, sondern ein Gesicht dahintersteht. Menschen lassen sich von Menschen besser motivieren als von Projekten. Außerdem können Sie ihm klärende und motivierende Zusatzinformationen geben. Und schließlich beschleunigt allein schon der Umstand sein Arbeitstempo, daß Sie ständig bei ihm auf der Matte stehen. Er will den lästigen Mahner endlich los sein und arbeitet schneller.

Der Bypass funktioniert natürlich nur, wenn Sie ein bißchen kommunikativ sind, also «mit den Leuten können». Wenn Sie das nicht können oder wollen, haben Sie ein echtes Problem. 90 Prozent des Projektmanagements sind nämlich reine Kommunikation. Sie können nicht ohne die Bereiche Erfolg haben, also müssen Sie mit ihnen reden. Oder wollen Sie um sechs Uhr morgens auf dem Gabelstapler sitzen?

Das ist das eigentliche Problem von weniger erfolgreichen Projektmanagern. Sie können nicht so kommunizieren, wie sie es für den Erfolg ihres Projektes können müßten. Doch zum Kommunikator wird man nicht geboren. Man kann es lernen. Lesen Sie Bücher, besuchen Sie Seminare, aber vor allem: üben Sie. Nicht am Vorstandsvorsitzenden! Da ist der Mißerfolg sicher. Erfolg schafft Erfolg. Also üben Sie in Situationen mit geringem Blamagepotential und hoher Erfolgswahrscheinlichkeit. Fangen Sie klein an. In der Familie, unter Freunden, bei Kollegen, mit Mitarbeitern, dann mit den informellen Partnern im Projektnetzwerk. Steigern Sie Ihre Anforderungen von Erfolg zu Erfolg. Schon nach wenig Übung werden Sie bemerken, daß Menschen Dinge für Sie tun, die Sie früher nie und nimmer für Sie getan hätten – weil Sie jetzt mit ihnen reden können.

Die Feedback-Regelung

Noch einmal zurück zum Kick-off-Gespräch. Wir haben gesagt, daß beim Kick-off-Gespräch die Detailplanung der Kapazitäten gemacht wird. Aber wie stellen Sie sicher, daß diese Planung auch eingehalten wird?

Erinnern Sie sich an unser Beispiel aus der Luftfahrt: Je früher Sie bemerken, daß das Projekt vom Kurs abweicht, desto schneller und kostensparender kommen Sie wieder auf den richtigen Kurs zurück. Wie erfahren Sie möglichst früh von einer Kursabweichung? In der Detailplanung hat Marketing beispielsweise 40 Tage für eine Marktforschung veranschlagt, aber bereits nach 20 Tagen zeichnet sich ab, daß es mindestens 60 Tage dauern wird. Wann erfahren Sie das? Meist erst, wenn Sie nach 40 Tagen die Marktforschung abholen wollen und Ihnen gesagt wird: «Aber die ist doch noch gar nicht fertig. Wußten Sie das nicht?» Nein, natürlich nicht! Es hat ja niemand rückgemeldet!

Damit Sie am Ende eines Projektschrittes nicht völlig aus den Wolken fallen, vereinbaren Sie im Kick-off-Gespräch die Art des systematischen, strukturierten Feedbacks. Das kann

- eine standardisierte Statusabfrage
- ein regelmäßiges Treffen der Beteiligten
- eine Telefonrunde
- ein regelmäßiger Statusreport
- oder eine Mischung aus mehrerem sein.

Wichtig ist: Handeln Sie die Art des Feedbacks aus. Ordnen Sie es nicht an. Wenn Menschen zu etwas gezwungen werden, versuchen sie, es zu vermeiden. Nur wenn alle Betroffenen bei der Regelung mitreden durften, wird die Regelung eingehalten. Handeln Sie vor allem aus, was gemeldet werden muß. Also nicht: «20. Projekttag. Alles in Ordnung.» Sondern:

- Wie ist die momentane Zielerreichung des Arbeitspaketes?
- Wieviel fehlt noch zur Planerreichung?
- Wird aller Voraussicht nach der Teiltermin gehalten?

Das 90-Prozent-Syndrom

Viele Projektmanager vereinbaren eine Prozent-Rückmeldung. Die Meldung lautet dann zum Beispiel: «40 Prozent des Teilziels sind erreicht.» Können Sie sich vorstellen, was passiert, wenn ein Bereichsleiter bei der Detailplanung Underreporting betrieben, also zu viele Personentage angegeben hat? Dann kann es sein, daß nach drei Viertel der Zeit die Meldung kommt: «Aufgabe zu 90 Prozent erfüllt.»

«Toll», denken Sie sich als Projektmanager. «Wenigstens Bereich X ist bald fertig.» Von wegen. Obwohl die Aufgabe binnen wenigen Tagen auf 100 Prozent zu bringen wäre, liegt das Projekt im Bereich herum, weil man dank des Underreportings noch so viel Zeit bis zum Teiltermin hat! Dabei könnte das Projekt schon lange an den nächsten Bereich weitergegeben werden, der absehbar überziehen wird. Kostbare Zeit wird vertan. Zeit, die Ihnen am Ende des Projektes fehlt.

Denken Sie also daran. Die Bereiche werden es Ihnen möglicherweise (rechtzeitig) sagen, wenn sie absehbar überziehen werden. Wenn sie aber absehbar vor Termin abliefern könnten, werden sie das in aller Regel verschweigen, um einen Sicherheitspuffer oder ihre liebe Ruhe zu haben. Also gehen Sie bei einer 90-Prozent-Meldung in den Bereich und reden Sie mit den Leuten, wie viele effektive Arbeitstage denn tatsächlich noch anfallen. Jeder herausgeholte Tag zählt zu Ende des Projekts doppelt.

Sie als Projektmanager sind nicht der einzige, der Feedback braucht. Auch Ihr Auftraggeber braucht es. Also handeln Sie mit ihm aus:

- Wie häufig will er informiert werden?
- In welchen Zielgrößen?
- Wer außer ihm soll informiert werden?

Insbesondere der letzte Punkt ist wichtig. Sie sollten es schon (rechtzeitig!) erfahren, wenn der Auftraggeber von Ihnen erwartet, daß Sie vor dem Vorstandsvorsitzenden eine Halbzeit-Präsentation abliefern.

Tip für Topmanager: Feedback für Vorgesetzte

Als Auftraggeber kann man seinen Projektmanager ziemlich frustrieren, indem man keine Feedback-Regelung trifft, sondern ab und zu «nur so mal reinschaut, um zu sehen, wie weit Sie schon sind». Das ist die beste Methode, um sicherzustellen, daß der Projektmanager sich dauernd nervös über die Schulter schaut, kontrolliert vorkommt und im übrigen dem Auftraggeber alles Mögliche und Unmögliche rückdelegiert. Denn die ständige Beaufsichtigung erzieht ihn zur Unselbständigkeit. Wenn der Boss sowieso jede Minute reinschneit, braucht man als Projektmanager nicht selbst zu denken. Also läßt man den Boss denken. Beklagen Sie sich dann nicht, daß Sie das Projekt durchziehen müssen und Ihr Projektmanager nur das Engagement eines besseren Erfüllungsgehilfen zeigt. Jeder bekommt den Projektmanager, den er sich erzieht.

Klopfen Sie fest: Wann ist Ende?

Zur Detailplanung gehört auch, daß Sie als Projektmanager Ihren Auftraggeber fragen, wann das Projekt eigentlich als beendet gilt. Das ist keineswegs immer so glasklar, wie man das annehmen möchte. Ich betreute vor längerer Zeit einmal ein Projekt, bei dem allein die Projektabnahme durch die Auftraggeber vier Monate dauerte. Das hatte der Projektgruppe jedoch niemand vorher gesagt. Logisch, daß an der viermonatigen «Terminüberschreitung» trotzdem die Projektgruppe schuld war.

Also klären Sie: Was bedeutet Projektende? Wenn das Projekt im Prototyp steht? Die Testläufe abgeschlossen sind? Die Serie läuft? Ausgeliefert wird? Die Markterprobung beendet ist?

Viele Unternehmen sind voll von sogenannten U-Boot-Projekten. Das sind Projekte, die eigentlich abgetaucht – also beendet – sind, aber ab und zu wieder auftauchen. Für Projektmanager und Bereichsleiter ist das Projekt erledigt, aber nicht für den Auftraggeber. Der zerrt das Ding immer wieder heraus und will immer noch eine Extrawurst und noch eine Verbesserung. Sie können sich vorstellen, wie peinlich das für den Projektmanager ist. Er hat zum Labor gesagt: «Ich brauche euch 20 Tage.» Die 20 Tage sind abgeleistet, und trotzdem kommt er ständig wieder und will immer noch etwas dazu. Die Kapazitäten wurden ausgehandelt und feingeplant, aber offensichtlich hält er sich nicht daran. Dabei kann er gar nichts dafür! Naja, eigentlich doch. Denn er hat vergessen, seinen Auftraggeber nach dem exakten Kriterium für das Projektende zu befragen.

Ist ein Meeting besser für den Kick-off?

Sie werden während Kick-off-Meetings häufig folgendes erleben. Man sitzt zusammen, detailliert die Arbeitspakete und stellt dann verblüfft fest: «Wir haben Bereich X vergessen!» Manchmal verderben viele Köche den Brei nicht. Im Gegenteil. Viele Augen sehen mehr als vier. Wenn viele Leute um den runden Tisch sitzen und gemeinsam über eine Sache nachdenken, entdecken sie oft kleine und größere Planungsfehler, die Sie in Einzelgesprächen leicht übersehen.

Das Meeting hat noch einen Vorteil gegenüber Einzelgesprächen. Eine gemeinsame Veranstaltung zum Start des Projekts motiviert die Beteiligten viel besser als die trockene Atmosphäre eines Einzelgesprächs. Außerdem kann nach einem Meeting – es sind ja Zeugen anwesend – sich keiner herausreden mit: «Das habe ich nicht gewußt! Das haben wir nicht besprochen!»

Ein Meeting ist für Sie als Projektmanager auch die bessere «Munition» bei Ihrer Präsentation der Detailplanung gegenüber Ihrem vorgesetzten Auftraggeber. Wenn Sie sagen können: «Diese Daten haben acht Bereichsleiter und ich gemeinsam ausgearbeitet», dann fällt es Ihrem Vorgesetzten sehr viel schwerer, die Detailplanung anzuzweifeln oder umzustoßen.

Einen Nachteil hat das Meeting gegenüber Einzelgesprächen aber doch. In ein bis zwei Tagen – länger können Sie kein Meeting ansetzen – muß ein brauchbares Ergebnis herauskommen. Das ist bei schwierigen Bereichsleitern und konkurrierenden Bereichszielen nur dann zu schaffen, wenn Sie als Projektmanager über

- geeignete Arbeitstechniken zur Visualisierung und Dokumentation
- eine ausreichende Moderationsfähigkeit
- gute Kommunikationskompetenz für Gruppenprozesse
- geübte Sozialkompetenz
- überdurchschnittliches Verhandlungsgeschick

verfügen. Entweder Sie sind ein Naturtalent oder eine geübte Führungskraft oder fit durch innerbetriebliche Weiterbildung – oder Sie kaufen sich die benötigten Kompetenzen in Form eines externen Projektmoderators von außen ein.

Das Ergebnis des Kick-offs: grün oder rot

Am Ende des Kick-offs haben Sie alles beisammen, was Sie für die Realisierung Ihres Projektes brauchen:

- die Detailplanung der Arbeitspakete je Bereich in Personentagen
- die Verantwortlichen für die einzelnen Arbeitspakete
- Ihr eigenes kleines Netzwerk zur Projektbeschleunigung – die Feedback-Regelung
- das Projektende-Kriterium.

Kick-off ist vielleicht ein etwas voreiliger Begriff. Denn wenn die Detailplanung stark von der Grobplanung abweicht, dann müssen die Auftraggeber in einer Präsentation darüber informiert werden. Wenn das Projekt beispielsweise 100 000 DM über der Grobplanung liegt oder nie und nimmer on time zu schaffen ist, dann müssen das die Auftraggeber erfahren. Sonst wird das Projekt zum Himmelfahrtskommando!

Vor dieser Präsentation schlottern manchem Projektmanager die Knie. Das ist verständlich, aber vermeidbar. Sie sind der Fachmann für den Prozeß. Keiner weiß über den Verlauf des Projektes besser Bescheid als Sie. Also machen Sie sich nicht kleiner, als Sie sind. Treten Sie selbstbewußt auf. Sie haben Ihre Hausaufgaben gemacht:

- Präsentieren Sie die Detailzahlen kurz, präzise und schmerzlos.
- Erläutern Sie die Unterschiede zwischen Grob- und Detailplanung. Erläutern, nicht rechtfertigen. Sie können ja nichts dafür!
- Votieren Sie klar, aber ohne den hohen Herren vorgreifen zu wollen (riecht nach Palastrevolte), für grünes oder rotes Licht.

Wenn Sie der Meinung sind, daß Sie ein totes Pferd reiten sollen, dann votieren Sie ganz klar für rotes Licht. Es kann Ihnen kaum schlimmeres passieren, als ein Projekt widerspruchslos zu schlucken, das Ihnen nachher wie ein Mühlstein am Halse hängt. Wenn Sie dagegen glauben, daß das Projekt mit einigen Abstrichen hier und einem Budget-Booster da gerettet werden kann, dann sagen Sie das genauso offen und ehrlich und votieren Sie für grünes Licht.

Sie haben keine Zeit für das Projekt

Ist die Feinplanung verabschiedet, müssen Sie das Projekt nur noch anstoßen, koordinieren und steuern. Wie denn? Sie haben doch überhaupt keine Zeit dafür! Denn Sie sind nicht hauptamtlich Projektmanager. «Nebenher» machen Sie ja noch Ihren Linienjob. Und der beansprucht Sie schon 10 Stunden am Tag. Wie sollen Sie da noch x Stunden für das Projekt freimachen? Denn daß die Projektsteuerung Zeit frißt, steht wohl außer Frage.

Eines ist klar: Die x Stunden finden Sie nur auf Kosten Ihrer Linienarbeit und mit noch mehr Überstunden. Kein Wunder, schlägt sich niemand im Unternehmen um Projektmanager-Jobs. Ein Projekt bedeutet noch mehr Arbeit bei ungewisser Belohnung. Wie lösen Unternehmen das Problem der x Mehrstunden? In der Regel gar nicht. Das soll der Projektmanager mit sich selbst ausmachen. Der Tag hat 24 Stunden, und wenn das nicht reicht, dann soll er noch die Nacht dazunehmen. Klar, daß der Mann/die Frau da ausbrennt, aber Ersatz gibt es im Arbeitsmarkt gerade genug.

Unternehmen, die sich einer weniger zynischen Sichtweise bedienen und wissen, daß man erfahrene Fachleute nur mit hohen Kosten ersetzen kann, haben den Zeitaufwand für Projekte genauer untersucht. Der US-Flugzeugbauer McDonald-Douglas – er baute die Phantom – ermittelte für EDV-Projekte:

x = 1/2 Tag/Woche x Anzahl der beteiligten Personen

Ein Projekt mit acht beteiligten Bereichen kostet den Projektmanager bei McDonald-Douglas also schon vier Tage pro Woche an Führungsaufwand! In deutschen Software-Häusern, die traditionell große Erfahrung im Projektmanagement haben, gilt die Faustregel:

Ab 7 vollzeitig Beteiligten ist das Projekt ein Fulltime-Job

Unternehmen, die hauptsächlich organisationale Projekte wie Bereichsneustrukturierung oder Prozeßbeschleunigung machen, haben herausgefunden, daß der Führungsaufwand im Schnitt 25 Prozent der

Personentag-Summe ausmacht. Das heißt, ein Projekt mit 80 Tagen verursacht Ihnen bereits 20 Tage Führungsaufwand.

Tip für Topmanager: Führungsaufwand beachten!

Den erfahrenen Topmanagern ist das Problem des Führungsaufwandes natürlich nicht entgangen. Sie sahen, daß 25 Prozent Führungsaufwand eine Menge Holz sind und fragten sich, ob das immer so sein müsse. Muß es nicht. Die 25 Prozent werden um so kleiner,

- je reifer das Unternehmen ist
- je größer seine Projektmanagement-Erfahrung ist
- je größer die Sozialkompetenz und
- je besser die Arbeitstechniken des Projektmanagers sind
- je reifer die Feedback-Kultur und
- je reifer die Lernkultur ist.

Je weniger der Projektmanager die Projektbeteiligten führen muß und je mehr die Projektbeteiligten sich selbst führen, desto weniger Führungsaufwand hat er. Im Idealfall können sich die 25 Prozent bis auf fünf Prozent reduzieren. Deshalb arbeiten in reifen Unternehmen die Topmanager, die jeweiligen Vorgesetzten, die Weiterbildung und die Personalentwicklung aktiv an der Entwicklung der Lern- und Feedback-Kultur. Es versteht sich von selbst, daß Sie als Topmanager auf diese langfristigen Erfolgsfaktoren natürlich einen größeren Einfluß haben als Ihr Projektmanager. Wenn Sie nicht nur ans laufende Projekt, sondern langfristig denken, dann nutzen Sie ihn. Es zahlt sich aus. Die Projekte werden schneller und reibungsfreier.

Führungsaufwand: Seien Sie unbescheiden!

Bescheidenheit ist eine Zier, doch weiter kommt man ohne ihr. Wenn Sie als Projektmanager die Detailplanung Ihrem Vorgesetzten vorlegen, dann legen Sie ihm auch Ihren geschätzten Führungsaufwand vor. Sagen Sie ihm: «Zusammengerechnet werde ich zwei Tage in der Woche für das Projekt brauchen. Ich gehe davon aus, daß Sie mir in der Linie den Rücken freihalten.» Von alleine kommt Ihr Vorgesetzter da nicht drauf. Ob er's tut, ist eine andere Sache. Aber sagen müssen Sie es. Denn wenn Sie es nicht sagen, tut er's garantiert nicht.

Jetzt wissen wir auch, weshalb Projektmanager mit der Einstellung «Muß von alleine laufen» an ein Projekt herangehen, die Koordination schleifen lassen und sich höchst selten im Bereich blicken lassen. Sie haben einfach keine Zeit für das Projekt. Sie haben schon mehr als genug mit ihrer Alltagsarbeit zu tun. Es ist verständlich, wenn Sie so handeln. Nur sollten Sie wissen, was Sie sich damit einhandeln. Wenn Sie das Projekt schleifen lassen, dann haben Sie mehr Zeit für Ihre Alltagsarbeit. Aber irgendwann kommt das dicke Ende und Sie müssen sich für das schlechte Projektergebnis verantworten. Ihre Wahl.

Was sonst noch Ihre Zeit frißt

Vielleicht sind Sie oben etwas über die Schätzung des Führungsaufwands erschrocken. Ein halber Wochentag pro Bereich! 25 Prozent der Personentage! Fulltime-Job bei 7 Vollzeitbeteiligten! Das sollte ein heilsamer Schock sein. Denn fast immer unterschätzen selbst erfahrene Projektmanager den tatsächlichen Führungsaufwand. Deshalb ist es ganz nützlich, wenn Sie sich vor Augen führen, was so alles anfallen kann.

Da sind zunächst die Katastrophen. Seien Sie versichert, wenn Sie nur eine Katastrophe pro Projekt erleben, haben Sie Glück gehabt. Katastrophen gibt es immer. Ein Lieferant springt ab. Ein tragender Mitarbeiter kündigt. Eine Maschine streikt. Unerklärliche Fehler treten auf. Diese Katastrophen fressen Zeit wie ein Schwarm Heuschrecken. Dabei gilt die Regel: Katastrophen gehen vor Linienarbeit. Was bei Katastrophen Zeit frißt, sind die Panik-Sitzungen der Schnellen Eingreiftruppe. Das sind vier oder fünf Personen aus den beteiligten Bereichen, die Sie kurzfristig zur Krisensitzung zusammenrufen können. Kleiner Tip: Stellen Sie Ihre Schnelle Eingreiftruppe schon ganz zu Beginn des Projektes zusammen, noch bevor die Katastrophen hereinbrechen. Das spart Zeit.

Was ebenfalls Zeit frißt, ist das Projektmanagement-Paradoxon.

Die meisten Projektmanager, die Projektmanagement machen, machen überhaupt keines. Sie haben

- keine Schnelle Eingreiftruppe
- keine adäquaten Arbeits- und Problemlösetechniken
- nicht einmal geeignete Besprechungsräume.

Das ist weiter nicht schlimm. Es kostet nur schrecklich viel Zeit. Das heißt: Wieviel Zeit Sie für Führungsaufwand opfern müssen, hängt auch vom Stand Ihrer persönlichen Qualifikation ab. Sprechen Sie mal mit Ihrem Personalentwickler oder Weiterbildungsreferenten, was dieser für Ihre Qualifikation als Projektmanager tun kann.

Erhebliche Zeit verlieren Sie, wenn die Chemie in Ihrem Projektteam nicht stimmt. Es gibt immer mindestens zwei Streithähne im Team, die mit ihren Endlosdiskussionen den Laden aufhalten. Das kostet Zeit. Sie können diese Zeit verringern, aber das kostet. Nämlich Qualifikation. Wenn Sie etwas von Teamentwicklung oder Gruppendynamik oder Moderation verstehen, können Sie die fruchtlosen Diskussionen auf ein Minimum reduzieren und das Arbeitstempo des Teams erheblich beschleunigen. Denn natürlich betreiben die Streithähne auch Information Hiding und halten mit ihrer Desinformationspolitik das Projekt auf. Ein bißchen Team-Know-how hilft Ihnen, Regeln im Umgang miteinander im Team auszuhandeln.

Zeit benötigen Sie auch für die Pflege Ihrer Vorbildfunktion. Ja, Sie haben richtig gehört. Der Projektmanager ist auch Vorbild. Wenn Sie unpünktlich zur Projektsitzung kommen, weshalb sollte der Bereich pünktlich sein Arbeitspaket abliefern? Wenn Sie Ihre Hausaufgaben nicht machen, weshalb sollte der Bereich es tun?

Erfahrene Projektmanager investieren auch Zeit in Kaizen, den ständigen Verbesserungsprozess. Das ist eine Zeitinvestition, die Sie nicht unbedingt tätigen müssen. Aber sie zahlt sich aus. Wenn Sie täglich mit und ohne die Beteiligten ein paar Minuten Zeit für die Frage aufwenden: Was können wir noch tun, um besser, schneller, billiger, zieltreuer zu werden? – dann macht sich das in Heller und Pfennig bezahlt.

Zeit benötigen Sie auch für Ihre Informationsfunktion. Es gibt Unternehmen, in denen die einzelnen Ausführenden in den Bereichen nicht einmal den Endtermin des Projektes kennen. Was glauben Sie, wie motiviert die arbeiten? Immer wieder kommt es in Projektsitzungen vor, daß einer den anderen hinter vorgehaltener Hand fragt: «Welche Aufgabe hat eigentlich Kollege X in unserem Projekt?» Selbstredend kostet diese Desinformation Zeit. Denn wenn Kollege X der Controller ist, dann macht Kollege Y mit seiner Vorkalkulation unnötige Doppelarbeit. Also opfern Sie ein paar Minuten pro Tag, um Ihre Truppe informiert und damit motiviert und schnell zu halten.

Auf einen Blick: Die Detailplanung beim Kick-off

Gefahr:

Irgend jemand hat eine tolle Projektidee, Sie werden zum Projektmanager gemacht, man überschlägt schnell Kosten, Dauer und Personaleinsatz und fällt nach einiger Zeit furchtbar auf die Nase, weil ein Überschlag keine ausreichende Planung ist.

☺ **Abhilfe:**

- Verfeinern Sie die Grobplanung aus der Projektübergabe beim Kick-off mit den Bereichsleitern zur Detailplanung.
- Wenn die Bereichsleiter quertreiben, fordern Sie die Unterstützung Ihres Auftraggebers an.
- Lassen Sie jeden Bereichsleiter die Personenstunden seines Bereiches und die Personalkapazität festlegen – verbindlich, versteht sich.
- Schützen Sie sich vor Overreporting mit gemeinsam vereinbarten Sicherheitszuschlägen.
- Versuchen Sie bei «unmöglichen» Terminvorgaben den Bypass.
- Treffen Sie eine verbindliche Feedback-Regelung und schützen Sie sich vor dem 90-Prozent-Syndrom durch Walking around.
- Vereinbaren Sie mit dem Auftraggeber, wann genau das Projekt als beendet gilt.
- Votieren Sie bei Präsentation der Detailplanung klar für Rot oder Grün.

- Schätzen Sie Ihren Führungsaufwand realistisch ein und fordern Sie höflich, aber hartnäckig dafür Entlastung von Linienarbeit.

4 Die Realisierung

Besuchen Sie wie wild!

Sie haben Ihre Detailplanung, Ihr grünes Licht haben Sie auch – jetzt kann's losgehen! Sie geben nun Ihrerseits allen beteiligten Bereichen grünes Licht, lehnen sich zurück und lassen den Dingen ihren Lauf. Die Bereiche kümmern sich ab jetzt um das Projekt. Sie können sich wieder Ihrer Alltagsarbeit zuwenden. Das Projekt läuft ab sofort von alleine. Ein schöner Traum!

Leider träumen ihn viele Projektmanager. Deshalb gehen viele Projekte baden. Oder haben Sie schon mal erlebt, daß ein Projekt sich um sich selbst kümmert? Es gilt eher das Universalprinzip: Von nichts kommt nichts. Kein Projekt läuft von alleine. Die Bereiche legen los, sobald Sie grünes Licht geben? Pustekuchen. Die haben anderes zu tun. Da verzögert sich der Projektstart dann aus immer neuen, unerfindlichen Gründen, noch bevor der erste Handstreich getan wurde. Deshalb:

- Gehen Sie in die Bereiche hinein
- Seien Sie persönlich anwesend beim Start des Arbeitspaketes. Das motiviert die Leute.
- Unterstützen Sie die Teammitglieder aktiv: «Was fehlt noch? Was muß modifiziert werden? Wo wird es absehbar Probleme geben?»

Und wenn das Arbeitspaket dann tatsächlich in Arbeit ist, dann warten Sie nicht, bis die schlechten Nachrichten zu Ihnen durchsickern. Besuchen Sie den Bereich regelmäßig, mindestens einmal die Woche – dafür hat jeder Projektmanager Zeit! Meist erledigen sich die Gespräche in wenigen Minuten – wenn Sie nicht warten, bis die Probleme übermächtig werden. Interviewen Sie die Leute: Wie läuft's? Gibt es schon erste

Verzögerungen? Wo zeichnen sich Hindernisse ab? Wo wird Hilfe benötigt? Es ist nicht schlimm, wenn Hindernisse auftauchen. Schlimm ist lediglich, wenn Sie sie zu spät bemerken und deshalb Zeit verlieren. Denken Sie an die Luftfahrt.

Zwei Probleme können bei Ihren Besuchen in den Bereichen auftauchen. Erstens, Sie sind kein großer Kommunikator und müssen sich regelrecht zwingen, aus Ihrem Büro rauszugehen. Dann haben Sie ein echtes Problem. Wir haben das schon mehrmals angesprochen: Projektmanagement heißt mit den Leuten reden. Wenn Ihnen das schwerfällt, hilft nur eines: Arbeiten Sie an sich. Die Leute beißen nicht. Man kann immer vernünftig miteinander reden. Wenn Sie gar zu kontaktscheu sind: Holen Sie sich einen Coach. Ein Coach hilft und ist nicht mal so teuer. Ein guter Coach hat Stundensätze zwischen 150 und 300 DM. Meist sind nicht mehr als zwei bis vier Sitzungen nötig, um entscheidende Fortschritte zu erzielen.

Die zweite Gefahr bei Ihren Besuchen in den Bereichen ist der Aufpassereffekt. Der Aufpasser schaut den Bereichen erbarmungslos über die Schulter, kontrolliert, kritisiert und «macht Dampf». Das geht voll nach hinten los. Die Leute tun Ihnen schön ins Gesicht und praktizieren hinter Ihrem Rücken Information – Hiding – sie vertuschen Fehler, verschweigen Probleme und färben schön. Weil sie sich vor Ihrer gnadenlosen Kritik fürchten. Überlegen Sie sich, was Sie lieber wollen: Rechthaben oder ein reibungsloses Projekt. Sie sind Projektmanager, das heißt Anwalt und Pate Ihres Projektes. Sie sind weder Aufpasser noch Sklaventreiber. Beides schadet Ihrem Projekt. Überlegen Sie sich, ob Sie nicht ein gutes Buch lesen oder ein gutes Seminar besuchen wollen zum Thema: Wie gebe ich akzeptables Feedback? Daß das Unternehmen Sie in dieser kritischen Frage Ihrer persönlichen Qualifikation alleine läßt, ist die traurige Regel. Eigentlich könnte sich Ihr auftraggebender Topmanager darum kümmern, aber dieser hat meist andere Dinge zu tun.

Was tun bei Planabweichungen?

Von alleine läuft kein Projekt, und reibungslos läuft es erst recht nicht. Abweichungen treten immer auf. Abweichungen sind keine Schande!

Lassen Sie sich das bloß nicht von irgendeinem übelwollenden Zeitgenossen einreden. Sie können nur planen, was planbar ist. Die sogenannten Imponderabilien, die Unwägbarkeiten, kann niemand abwägen, deshalb heißen sie so. Kein Projektmanager hat die vollkommene Voraussicht. Trotzdem verhalten sich viele Projektmanager, als ob man das von ihnen erwarte.

Sie flippen völlig aus, sobald die neueste Abweichung auftritt. Solche KollegInnen finden sich später in der Burnout-Statistik wieder. Machen Sie sich nicht fertig! Lernen Sie, mit Abweichungen zu leben. Sie lernen es am besten, wenn Sie zu unterscheiden lernen, was Sie tun und was Sie lassen müssen. Die folgende Frage müssen Sie sich nicht stellen: «Muß ich das meinem vorgesetzten Auftraggeber melden? Der reißt mir den Kopf ab!» Das tut er nicht, wenn Sie wissen, was zu tun ist.

Es gilt: Wenn Sie mit dem betroffenen Bereich zusammen die Abweichung aus eigenen Kräften beheben können, dann muß Ihr Vorgesetzter nicht informiert werden. Nur hinterher, wenn Sie ihm sagen: «Übrigens, wir haben einen kurzzeitigen Rückstand von zwei Tagen wieder aufgeholt!» Das ist PR in eigener Sache: Tue Gutes und rede darüber. Von alleine merkt das Ihr Vorgesetzter doch nicht.

Also behalten Sie die Nerven und versuchen Sie, die Termin- oder Budgetabweichung aus eigener Kraft auszugleichen. Das schaffen Sie um so eher, je schneller Sie die Abweichung erfahren. Denken Sie an die Luftfahrt und pflegen Sie Ihr Frühwarnsystem. Selbst wenn der betroffene Bereich die Abweichung aus eigener Kraft nicht schafft, ist nicht alles verloren. Gehen Sie zu den anderen Bereichen und fragen Sie: «Könnt Ihr aushelfen?» Zwei von drei Gefragten werden sich an die Stirn tippen. Aber einer ist vielleicht bereit, Personentage aus seinem Zeitbudget abzugeben. Schließlich braucht man irgendwann auch einen Gefallen vom betroffenen Bereich ...

Abweichungen: Wie sag ich's meinem Vorgesetzten?

Erst wenn trotz eigener Anstrengungen und Aushilfen von anderen Bereichen bei der zweiten Statusmeldung sich die Abweichung nicht verringert, sondern sogar vergrößert hat und der Puffer aufgebraucht ist, müssen Sie Ihrem Boss die schlechte Nachricht überbringen. Gilt in Ihrem Unternehmen auch: Kill the Messenger? Der Überbringer schlechter Nachrichten wird erschossen! Keine Angst, das gilt nur für dumme Boten.

Ein dummer Bote sagt: «Chef, der Puffer ist alle! Wir schaffen das nicht mehr on time!» und wird wegen Miesepeterei erschossen. Kein Boss der Welt will so eine Nachricht hören. Kein Boss will etwas von Problemen hören. Aber gegen Lösungsvorschläge hat fast niemand etwas einzuwenden. Also kommen Sie nicht mit dem Problem, sondern mit möglichen Lösungen zu ihm.

Die Problemlösung sollen Sie als Projektmanager jedoch nicht über Nacht ausschwitzen. Selbst wenn Sie das könnten, ist es unklug. Sie müssen die Bereiche hinter sich haben. Also sprechen Sie mit ihnen. Das setzt voraus, daß Sie Ihr kleines Projektteam kurzfristig zusammenrufen können. Auch das sollten Sie klugerweise beim Kick-off vereinbaren. Im Projektteam arbeiten Sie dann zwei oder drei Lösungsmöglichkeiten aus und präsentieren diese Ihrem Vorgesetzten:

- Option A bringt das, kostet aber das.
- Option B ist billiger, bringt aber nur soviel.
- Option C holt den Rückstand auf, kostet aber Zielerreichung.

Wenn Sie so konstruktiv präsentieren, reißt man Ihnen nicht den Kopf ab. Viele Projektmanager legen es aber genau darauf an. Sie sind von ihrem Job frustriert und denken sich: «Der Boss wird's schon früh genug merken, daß das Ganze aus dem Ruder läuft. Ich hab's ja gleich gesagt. Der Boss wird schon wissen, was zu tun ist.» Ja, das weiß er: Ihnen den Kopf abreißen, wenn er herausfindet, daß Sie ihm die Abweichung viel zu lange verschwiegen haben.

Tip für Topmanager: Abweichungen managen

Kein Topmanager hört das Wort «Planabweichung» gerne. Doch bevor Sie Ihrem Projektmanager den Kopf abreißen, bedenken Sie: Wenn Ihr Projektmanager mit einem Problem, statt mit drei Lösungsmöglichkeiten zu Ihnen kommt, dann ist das nicht ausschließlich seine Schuld.

Jeder hat den Projektmanager, den er sich erzieht. Also erziehen Sie ihn. Sagen Sie höflich: «Ich bezahle Sie nicht für Problemmeldungen, sondern für Vorschläge, also bringen Sie mir welche. Wenn ich Ihnen dabei helfen kann, dann tue ich das. Aber fürs erste sprechen Sie mit den Bereichen und arbeiten Sie selbst Alternativen aus.» Wer sich die Problemlösung rückdelegieren läßt, ist selbst schuld. Wer den Boten köpft, ebenfalls. Denn damit demotiviert man ihn für alle Zeiten, nach eigenen Lösungsvorschlägen zu suchen. Fein heraus sind Sie, wenn es Ihnen gelingt, Ihre Projektmanager dazu zu erziehen, generell bei Problemen mit eigenen Lösungsvorschlägen zu Ihnen zu kommen.

Seien Sie Ihr eigener Spion

Inzwischen haben Sie es deutlich gesehen: Es ist Ihr vitales Interesse als Projektmanager, so schnell wie möglich von Abweichungen zu erfahren. Das heißt:

- Jeder Projektmanager braucht ein erstklassiges Frühwarnsystem.
- Schauen Sie regelmäßig in die Bereiche hinein. Machen Sie dabei nicht den Oberlehrer, sondern lassen Sie Ihre Sozialkompetenz spielen.
- Klinken Sie sich in den Flurfunk ein, sammeln Sie Gerüchte.
- Bauen Sie eine Feedback-Kultur auf (dazu gibt es hervorragende Seminare). Ermuntern Sie die Leute zu rechtzeitigem Feedback und loben Sie, loben Sie, loben Sie, wenn die Leute es geben. Das nennt man positive Verstärkung.
- Bauen Sie eine Lernkultur auf. Wenn ein Problem auftaucht, soll der Bereich auch gleich Lösungsvorschläge machen. Das kann man sacht suggestiv schon mit so einfachen Fragen fördern wie: «Was haben Sie sich denn so als Lösung gedacht?»

Der Nebeneffekt von Feedback- und Lernkultur ist natürlich, daß sich die am Projekt Beteiligten plötzlich unternehmerisch verhalten. Ein schöner Zugewinn für das Unternehmen.

Wie gemein: Die Mächtigen sabotieren!

Nun ist es nicht so, daß die Hierarchie Sie als Projektmanager bei Ihrem Projekt unterstützt. Sie sabotiert Sie, wo sie kann. Das ist objektiv haltlos übertrieben und subjektiv voll zutreffend. In einem besonders krassen Beispiel aus meiner Beratungspraxis hatte der Projektmanager zwar ein ausreichendes Budget, aber der Einkaufsleiter mußte jede größere Anschaffung gegenzeichnen. Als der Einkaufsleiter mitten im Projekt sechs Wochen außer Haus war, stand der größte Teil der Beschaffung im Projekt still. Natürlich wurde der Projektmanager und nicht der Einkaufsleiter am Ende des Projekts für die Abweichung vom Endtermin verantwortlich gemacht.

Das ist nicht die Ausnahme, sondern die Regel. Rechnen Sie damit. Und sichern Sie sich ab. Sie können nicht vermeiden, daß irgendein Mächtiger Ihr Projekt sabotiert. Aber Sie können es genau dokumentieren und sofort – sofort! – Ihrem Auftraggeber rückmelden: «Der Einkaufsleiter ist sechs Wochen außer Haus! Wer unterschreibt mir jetzt diese Bestellung?» Das Projekt verzögert sich dann zwar immer noch. Aber wenigstens den Einsichtigen unter den Mächtigen ist klar, daß nicht Sie daran schuld sind. Das Informieren der Mächtigen ist eine Bringschuld. Die Mächtigen wollen Ihre Botschaft zwar nicht hören. Aber Sie müssen sie trotzdem überbringen. Es ist Ihr Kopf, der rollt, wenn Sie es nicht tun.

Dasselbe gilt für jede Abweichung, die Sie nach oben melden. Dokumentieren Sie ganz klar den Zeitpunkt Ihrer Meldung nach oben. Denn danach passiert in der Regel nichts. Weil die Mächtigen gerade alle auf Reisen oder in wichtigen Dauerbesprechungen oder bei Kunden unterwegs sind. Sie brauchen dringend eine Entscheidung, aber niemand ist da, der sie treffen könnte. Dokumentieren Sie ganz genau: «Liebe Leute, ich habe am 1.8. laut und deutlich – siehe Hausmitteilung selben Datums – gesagt, daß Entscheidungsbedarf vorliegt. Wenn Ihr Euch nicht entscheidet, dann verzögert sich das Projekt und das Projektziel ist gefährdet.»

Der Linienvorgesetzte sabotiert Sie

Ihre Projekt-Mitarbeiter haben zwei Vorgesetzte: Sie und den Linienvorgesetzten. Das ist ein zentrales Problem des Projektmanagements. Der Linienvorgesetzte ist zwar nicht der natürliche Feind des Projektmanagers. Aber manchmal könnte man das meinen. Sobald es in der Linie brennt, sagt der Linienvorgesetzte zum Mitarbeiter: «Stell das Projekt mal hinten an, lösch zuerst das Feuer.» Und es brennt immer in der Linie.

Das Dumme daran ist, daß Sie diese «Sabotage» natürlich nicht auf die Nase gebunden bekommen. Deshalb ist es so wichtig, daß Sie das Feedback aus der Linie mit Argusaugen prüfen (die Status-Berichte) und auch öfters selbst vorbeischauen, um fragen zu können: «Hat sich der Fortschritt tatsächlich verlangsamt oder träume ich das bloß?»

Wenn Sie nicht träumen und der Mitarbeiter nach langem Zaudern endlich den Grund der Verzögerung herausrückt, dann müssen Sie sofort mit dem Linienvorgesetzten sprechen. Das tun viele Projektmanager nicht, weil sie den Konflikt fürchten. Also fügen wir eine neue Anforderung an die Fähigkeiten eines Projektmanagers an: Konfliktfähigkeit. Erfahrene Projektmanager meiden den Konflikt nicht, sie suchen ihn. Sie haben eine hohe Konfliktbereitschaft und Konfliktklärungskompetenz. Es nützt nichts, wenn Sie den Konflikt aussitzen, Sie müssen ihn aktiv suchen und konstruktiv klären. Der Linienvorgesetzte handelt ja nicht bösartig. Er hat auch seine Sachzwänge. Diese gilt es, neu mit Ihrem Projekt zu koordinieren. Seien Sie hart in der Sache, aber fair zur Person. Zeigen Sie nicht mit dem Finger auf den Linienvorgesetzten, aber machen Sie deutlich, daß er mit Ihnen rechnen muß. Verhandeln Sie die Positionen neu. Das ist mühselig und oft wöchentlich nötig. Aber das ist Ihr Job.

Verhandeln Sie nicht nur. Dokumentieren Sie auch. In Ihrem Statusbericht an Ihren Vorgesetzten muß klar und deutlich stehen, daß die Linie Kapazitäten abzieht. Viele Projektmanager haben damit ein ziemliches Problem: Sie können nicht schreiben. Sie schwafeln Romane, schreiben im Kreis und formulieren nebulös. Der Vorgesetzte liest das, weiß nicht, was gemeint ist, und handelt deshalb auch nicht.

Das führt nun nicht dazu, daß Projektmanager schleunigst lernen, besser zu dokumentieren. Nein, sie geben die Dokumentation ganz auf, weil das so ein unbequemes Thema ist. Leider hilft auch kein teures PC-Tool, sich klar, präzise und unmißverständlich auszudrücken. Erfahrene Projektmanager benützen deshalb für die Dokumentation keine Projekt-Software, sondern ein ganz normales Textverarbeitungsprogramm wie WinWord oder das Textmodul unter MSWorks. Für die Darstellung und Verfolgung der Termine reicht ein ganz normales Tabellenkalkulationsprogramm wie Excel oder Lotus 1-2-3. Das ist alles, was man braucht, um knapp, zeitsparend und nachvollziehbar zu dokumentieren. Und das müssen Sie auch. Denn die Dokumentation ist Ihre Jobversicherung. Wenn Sie klipp und klar per Status-Bericht nachweisen können, daß Sie bereits am 1.8. völlig unmißverständlich auf den Engpaß hinwiesen, kann Ihnen später niemand mehr an den Karren fahren. Aber die Betonung liegt eben auf unmißverständlich.

Auch die Dokumentation können Sie lernen. Es reicht, wenn Sie das während des Projekts tun: Learn as you go, sagen die Amerikaner. Man lernt aus Erfahrung. Man lernt nicht, wenn man sich vor der Dokumentation drückt. Das ist ein Eigentor.

Das Projekt als Sprungbrett

In vielen Unternehmen ist Projektmanagement das Sprungbrett zur Karriere. Ein Projektmanager hat ja keine disziplinarische Kompetenz. Er kann die Mitarbeiter in seinem Team nicht anweisen. Das kann nur der entsprechende Bereichsleiter. Wenn also so ein «machtloser» Manager es «trotzdem» schafft, die Leute zu motivieren und zu einer Terminpunktlandung zu bringen, dann hat er tolle Führungskompetenz bewiesen. Jedenfalls mehr als ein Manager, der per ordre de mufti regieren kann.

Wer die Leute also ohne seinen Rang herauszukehren motivieren kann, ist prädestiniert fürs höhere Management. Deshalb ist Projektmanagement ein zentraler Baustein vieler Management-Development-Programme. Es ist Auswahl-Instanz – nur die Erfolgreichen kommen durch – und Personalentwicklungsmaßnahme gleichzeitig. Nirgends lernt man mehr über Führungskompetenz als im Projekt. Hier lernen die zukünftigen Topmanager Fairneß im Umgang mit Menschen, denn sie können sich ja nicht hinter ihrer Weisungsbefugnis verstecken.

Auf einen Blick:
Die Realisierung

Gefahr:

Sie übergeben die Arbeitspakete den Teammitgliedern und kümmern sich wieder um Ihre Linienarbeit, weil das Projekt jetzt läuft. Das tut es nicht.

☺ **Abhilfe:**

- Nichts läuft von alleine. Starten Sie jedes Arbeitspaket persönlich im jeweiligen Bereich.
- Besuchen Sie die Paketbearbeiter mindestens wöchentlich, um nicht überrascht zu werden. Betreiben Sie dabei Problemprävention.
- Bleiben Sie ganz ruhig bei Planabweichungen. Für diesen Fall haben Sie Ihre Puffer. Beheben Sie die Abweichung aus eigenen Kräften zusammen mit Ihrem Team. Ihr Auftraggeber braucht davon nichts zu wissen.
- Erst wenn ein Puffer überschritten ist, melden Sie die Abweichung dem Auftraggeber, und zwar immer mit Lösungsalternativen, die sich auf die vier Stellschrauben beziehen und mit Ihrem Team abgestimmt sind.
- Bauen Sie sich mit allen verfügbaren Instrumenten ein Frühwarnsystem auf: Walking around, Flurfunk, Lernkultur...
- Wenn ein Mächtiger Sie sabotiert: dokumentieren, dem Auftraggeber die Konsequenzen auf die Stellschrauben aufzeigen und auf Regelung drängen.
- Wenn die Linie Mitarbeiter abzieht: Konflikt mit der Linie akzeptieren, neu verhandeln und unerbittlich Konsequenzen dokumentieren.

Alltagshilfen für Projektmanager

5 Ärgerlich: Die Linie weiß nicht, was sie will

Was tun bei unklaren Zielen?

Nicht alle Projektaufträge kommen aus dem Topmanagement. Auch die Linie hat Projektideen. Sie möchte beispielsweise Maschinenlaufzeiten optimieren oder die Auftragsabwicklung beschleunigen. Das sind für Sie als Projektmanager interessante Aufgaben. Leider hat die Sache einen Haken. Wenn Topmanager unklar in ihren Zielvorstellungen sind, dann sind Bereichsfürsten unklar im Quadrat.

Das ist keine Linienschelte. Es ist lediglich so, daß die Linie fürs Machen und nicht fürs Reflektieren bezahlt wird. Und das merkt man den Linienprojekten an. So passiert es gerade bei Projekten aus der Linie mit penetranter Regelmäßigkeit, daß ein Projekt, beispielsweise «Beschleunigung der Arbeitsabläufe», beschlossen und realisiert wird, noch bevor überhaupt gründlich darüber nachgedacht wurde:

- Welche Arbeitsabläufe?
- Wie stark soll beschleunigt werden?
- Mit welchen Mitteln soll beschleunigt werden?
- Welche Abteilungen werden davon berührt?

Wohlgemerkt: Darüber nachgedacht hat zumindest der Auftraggeber. Aber er hat seine Gedanken den beteiligten Bereichen nicht klar und unmißverständlich kundgetan, und er hat vor allem diese Bereiche nicht nach ihrer Interpretation gefragt. Und so sitzen Sie als unglücklicher Projektmanager mitten in der Realisierung, als eines Tages Ihr Controlling-Teammitglied plötzlich sagt: «Wie? Nur 20 Prozent schneller? Ich ging immer davon aus, daß es mindestens 50 Prozent sind!» Prompt haben Sie den schönsten, zeitfressenden Krach, nur weil bei den Kick-off-Gesprächen die Karten nicht auf den Tisch gelegt wurden.

Denn natürlich versteht jeder unter «Beschleunigung der Arbeitsabläufe» etwas anderes. Und das ist auch gut so. Die unterschiedlichen Ansichten können sich wunderbar ergänzen. Wenn Sie sie als Projektmanager aber nicht bei der Planung auf den Tisch bringen, dann rennen Sie später bei der Realisierung permanent gegen Hindernisse.

Die Zielvorstellungen klären

Diese unterschiedlichen Vorstellungen auf den Tisch zu bringen ist Ihre wichtigste Aufgabe beim Kick-off. Sie ist nicht leicht. Erstens ist es nicht leicht, die Projektteam-Mitglieder dazu zu bewegen, ihre Zielvorstellungen zu artikulieren. So klar sind diese nämlich nicht immer. Und zweitens gibt es meist ein Problem, sobald alle Zielvorstellungen auf dem Tisch liegen: Die Zielvorstellungen divergieren. Unter «Beschleunigung der Arbeitsabläufe» versteht beispielsweise

die Qualitätssicherung	30%
die Produktion	50%
das Controlling	75%

Jetzt bricht in Ihrem Kick-off-Meeting die Hölle los. Der auftraggebende Produktionsleiter springt auf und ruft: «75 Prozent? Seid Ihr Erbsenzähler total verrückt geworden? Das ist nie und nimmer zu schaffen!» Worauf der angesprochene Controlling-Assistent kontert: «Dann können Sie schon mal mit Kurzarbeit rechnen, weil wir mit diesen Lieferzeiten demnächst aus dem Markt fliegen.» Und Sie sitzen mit pochendem Herzen dazwischen und versuchen zu schlichten. Wie?

Solange die Ziele unvereinbar sind, gibt es nichts zu schlichten. Wo es nichts zu verhandeln gibt, gibt es nichts zu verhandeln. Also schaffen Sie Verhandlungsmasse, indem Sie die absoluten Ziele in Zielkorridore umwandeln lassen. Die Qualitätssicherung befürchtet natürlich bei jeder Beschleunigung Qualitätseinbußen. Also fragen Sie sie, wieviel

Prozent Beschleunigung im günstigsten Fall theoretisch möglich wären, wenn daraus nur marginale Qualitätseinbußen resultierten. Vielleicht sagt die Qualitätssicherung dann: «Na, im günstigsten Fall 60 Prozent.» Nach diesen Verhandlungen sehen die Zielvorstellungen möglicherweise so aus:

Qualitätssicherung	30 – 60%
Produktion	50 – 60%
Controlling	50 – 75%

Jetzt überschneiden sich die Zielvorstellungen. Ein Kompromiß ist im Bereich zwischen 50 und 60 Prozent möglich. Dieser Kompromiß ist Ihr Verhandlungsziel. Jede beteiligte Partei wird diesen Kompromiß an Bedingungen knüpfen. Die Qualitätssicherung beispielsweise an die Bedingung Qualität. Diese Bedingungen unter einen Hut zu bringen ist Ihre nächste Aufgabe. Sie ist mit etwas Hartnäckigkeit und Moderationskompetenz lösbar.

Die Leute wissen nicht, was sie wollen

Was aber, wenn die Zielvorstellungen der Beteiligten alles andere als klar sind? Die Qualitätssicherung spricht beispielsweise dauernd von «entscheidender Beschleunigung», sagt aber nicht, was zum Kuckuck sie genau darunter versteht. Oder wenn der Spartenleiter «50 Prozent schneller» sagt und der Produktionsleiter meint: «Was? 50 Prozent? Wir sind doch schon ungeheuer schnell, wie soll denn das gehen?»

Vielleicht hat der Spartenleiter lediglich das diffuse Gefühl, Kosten einsparen zu müssen, und hat einfach auf die Arbeitsabläufe getippt, ohne zu wissen, wieviel Einsparungspotential überhaupt vorhanden ist. So genau weiß das ja niemand. Dann müssen Sie es klären. Projektarbeit ist nicht in erster Linie die Realisierung eines Projektes, sondern die Klärung der Ziele und der Prozeßimplikationen. Das vergessen unerfahrene Projektmanager leider häufig. Sie konzentrieren sich so sehr auf die Realisierung, daß sie gar nicht bemerken, daß die Ziele nicht vollständig klar sind. Zielklärung kostet auch Mut. Sie müssen so couragiert sein, sich durch hartnäckiges, aber freundliches Nachfragen etwas unbeliebt zu machen. Das erspart Ihnen bei der Realisierung dann den richtig dicken Ärger.

Auf einen Blick: Was tun, wenn Ihr Auftraggeber nicht weiß, was er will?

Gefahr:

Sie sind verwirrt und denken: «Na, das wird sich im Laufe der Zeit schon klären.» Tut es, garantiert, aber

- erst, wenn es zu spät ist
- wenn es richtig teuer wird und Zeit kostet
- mit einem Riesenkrach, wenn die Leute merken, daß sie aneinander vorbeigeplant haben, und
- stets zu Ihren Kosten: Sie sind der Leidtragende.

☺ **Abhilfe:**

- Bringen Sie Zielunklarheiten sofort auf den Tisch. Fragen Sie rechtzeitig, das heißt so früh wie möglich, stets höflich, aber hartnäckig nach, bis die Beteiligten klipp und klar und möglichst in harten Zahlen sagen, was sie wollen.
- Meist stellen Sie dabei fest: Die Ziele einzelner Beteiligten widersprechen sich! Also arbeiten Sie mit jedem einen Zielkorridor aus und suchen Sie die konsensfähige Schnittmenge aller Korridore.

6 Vorsicht: Was will der Projektanwender?

Der Endkunde entscheidet

Meist ist der Auftraggeber nicht der Projektanwender. Wenn beispielsweise der Lagerleiter Sie mit der Einführung einer neuen Lagerhaltungs-EDV beauftragt, dann sind die Leute, die «die Suppe auslöffeln», die Lagerarbeiter. Sie sind es, die nachher am Terminal stehen und sich mit Ihrer Software herumärgern. Das ist nicht gravierend, denn Menschen ärgern sich ständig über irgend etwas. Leider kann dieser Ärger Ihr Projekt torpedieren. Denn wer sich ärgert, sabotiert.

Oder denken Sie an den Kunden. Er muß nachher das Produkt kaufen, das Ihr Projektteam entwickelt. Tut er's? Das soll das Marketing entscheiden. Aber natürlich erst, nachdem das Produkt fix und fertig ist. Dann fragt man die Marketing-Leute: «Und wie verkaufen wir das jetzt dem Kunden?» – «Überhaupt nicht», sagt das Marketing, «viel zu teuer.» Das kommt davon, wenn man die Anwender – oder stellvertretend die Marktforscher – erst dann fragt, wenn das Projekt schon fertig ist.

Ideal wäre es daher, die Anwender schon in der ersten Projektstunde ins Boot zu holen. «Zu teuer, zu zeitintensiv», sagt die Geschäftsführung. Denn natürlich wollen die Kunden immer das Beste zum billigsten Preis. Und die Lagerarbeiter haben ganz unklare Vorstellungen darüber, wie das neue Lagersystem aussehen soll. Es braucht Zeit und Marktforschungskompetenz, herauszufinden, was der Anwender will. Und beides hat man nicht. Deshalb beugt man sich dem Zeitdruck, legt los – und produziert am Markt vorbei.

Trauriges Musterbeispiel für solche Fehlschüsse sind die EDV-Abteilungen. Das sind Abteilungen mit hochkompetenten Fachleuten, die Tag und Nacht vor ihren Terminals sitzen und highly sophisticated

High-Tech-Lösungen für Probleme ausarbeiten, die niemand hat. Damit gehen die dann in die Linie, die ihnen vorwirft: «Leute, das Instrument mag gut sein, nur leider löst es nicht unser Problem. Wir haben ein anderes.» Schöne Pleite.

Einerseits bestimmt letztendlich der Anwender über Ihren Projekterfolg. Andererseits will Ihr Auftraggeber Ihnen weder Zeit noch Geld für dessen Befragung geben, und die Experten im Haus wollen nicht auf ihn hören. Das ist ein Starkstrom-Spannungsfeld, in das Sie da geraten sind. Aber genau das ist Ihre Aufgabe: Sich in diesem Spannungsfeld zu bewegen und die Unvereinbarkeiten zu vereinbaren. Das ist nicht einmal so schwierig:

1. Bringen Sie die unterschiedlichen Ziele von Experten und Anwendern auf den Tisch: Dokumentieren Sie die unterschiedlichen Zielvorstellungen.
2. Diskutieren Sie: Wo könnte die gemeinsame Lösung liegen?

Es ist nicht unbedingt nötig, daß die Anwender persönlich anwesend sind. Bei Curtis Burns Foods, einem US-Nahrungsmittelunternehmen, spielte im Kick-off-Meeting ein Manager einen typischen Anwender des Reorganisationsprojektes: den Aktionär. Der Manager sagte: «Mich interessiert nicht, wie viele Leute ihr entlaßt. Mich interessiert meine Dividende.» Das machte allen klar, wo der Hase im Pfeffer liegt.

Wenn Sie zu viele von den Anwenderwünschen berücksichtigen, wird Ihr Projekt zwar anwenderkonform, aber zu teuer und niemals fertig. Wenn Sie zu wenige berücksichtigen, kommt Ihr Projekt zwar on time und on budget an, geht aber am Anwender vorbei und flopt mit hoher Wahrscheinlichkeit. Also finden Sie zusammen mit Ihrem Projektteam den optimalen Punkt zwischen beiden Extremen. Und finden Sie ihn ganz zu Beginn, solange die Anwenderwünsche noch in der Konzeptionsphase berücksichtigt werden können.

Auf einen Blick: Was tun, damit Sie nicht am Endanwender vorbeiplanen?

Gefahr:

Man sagt Ihnen: «Wir haben keine Zeit und kein Geld für aufwendige Marktforschung!» oder: «Die Tiefflieger aus der Fertigung wissen doch sowieso nie, was sie wollen!» Sie glauben das Märchen, planen am Endanwender vorbei, der Ihnen am Ende dann gehörig was hustet – Projektflop.

☺ **Abhilfe:**

- Letztendlich entscheidet der Endanwender über Ihren Erfolg. Also erfragen Sie mit Ihren begrenzten Mitteln die Spezifikationswünsche der Anwender oder holen Sie zumindest den Trend der Anwendermeinungen ein.
- Stellen Sie diese Anwenderwünsche der Expertenmeinung gegenüber.
- Suchen und vereinbaren Sie die Schnittmenge zwischen beiden.

7 Rollierende Planung

Planen – Umsetzen – Planen – Umsetzen ...

Es ist eigentlich selbstverständlich, daß man laufend die Planung der veränderten Realität anpaßt. Aber so selbstverständlich ist das wieder nicht. Das merken Sie spätestens dann, wenn Sie den aktualisierten Projektplan Ihren Teammitgliedern weiterreichen und einige mosern: «Was? Schon wieder ein neuer Plan!» Ertragen Sie die ins Gestern Verliebten mit Fassung und erwidern Sie: «Die Welt dreht sich. Sie steht nicht still. Wir müssen flexibel bleiben.»

Flexibilität heißt in erster Linie Terminverzögerungen berücksichtigen? Die meisten Projekte verspäten sich doch wohl. Naja, das ist eine verräterische Annahme. Gut geplante und gut gepufferte Projekte von Projektmanagern, die einige der in diesem Buch auftauchenden Tips beherzigen, beschleunigen sich in der Regel. Die Puffer werden nicht voll aufgebraucht. Das Endziel kann also terminlich und/oder finanziell nach unten korrigiert werden. Schlecht geplante Projekte mit schwimmenden Projektleitern verspäten sich dagegen fast immer.

Generell gilt, daß Sie Ihre Planung alle vier Wochen und bei allen gravierenden Verschiebungen aktualisieren sollten. Solche Korrekturen ergeben sich in der heutigen Zeit, in der ein 12 Monate alter PC schon hoffnungslos veraltet ist, schneller, als Ihnen lieb ist. Der Markt ändert sich rasant. Spätestens nach einem Jahr werden Zielkorrekturen nötig. Das Produkt muß noch billiger und noch besser werden. Die Beschleunigung der Arbeitsabläufe noch radikaler. Diese dauernde Planungskorrektur frißt natürlich Zeit. Jetzt wissen Sie auch, woher der hohe Führungsaufwand kommt. Aber ohne die ständige Aktualisierung Ihrer Planung verlieren Sie schnell den Überblick und kommen hoffnungslos vom Kurs ab.

Möglicherweise müssen Sie mitten im Projekt die Konzeption modifizieren, weil sich der Markt so radikal geändert hat. Das irritiert vor allem die Projektmanager, die die falschen Bücher lesen. In vielen ist das Kaskadenmodell abgedruckt: Projektidee – Analyse – Konzeption erstellen – Realisierung – Projektabschluß. Das suggeriert, daß Projektmanagement mechanistisch linear ist. Alles kommt schön nacheinander. Tut es nicht. Projektmanagement ist organisch zirkulär. Mitten in der Realisierung müssen Sie in Analyse und Konzeption zurückspringen, wenn Sie sich nicht von der Realität überrollen lassen wollen.

Aber eigentlich ist dieser Modellstreit völlig überflüssig. Denn sobald sich an einer der vier Stellschrauben Ihres Projektes

- Ziele
- Termine
- Kosten
- Personalkapazitäten

irgend etwas irreparabel ändert, müssen Sie ohnehin Ihren Auftraggeber informieren. Erinnern wir uns: Das ist eine Bringschuld, keine Holschuld Ihres Auftraggebers. Warten Sie nicht, bis der Auftraggeber von alleine bemerkt, daß etwas nicht stimmt. Er reißt Ihnen den Kopf ab.

Diese Bringschuld ist natürlich nicht so einleuchtend, wie das gerade klang. Denn in vielen Unternehmen verhalten sich die Auftraggeber nach dem Motto: «Hier hast du das Budget und zwei Jahre Zeit, und jetzt laß uns mit dem Projekt in Ruhe, bis es fertig ist.» Natürlich verziehen die Auftraggeber das Gesicht, wenn Sie schon vor Ablauf der zwei Jahre antraben. Aber wenn an einer der vier Stellschrauben gedreht wurde, dann müssen Sie das. Sonst gibt es ein böses Erwachen.

Auf einen Blick: Planen Sie rollierend!

Gefahr:

Viele Bücher suggerieren: Planung – Realisierung – Projektende. Das ist Unsinn! Wenn sich die Welt ändert, muß sich auch Ihr Plan ändern – und wenn es mitten in der Realisierung ist!

☺ **Abhilfe:**

- Planen Sie rollierend. Egal, in welcher Projektphase Sie sind, Sie passen Ihre Projektplanung den veränderten Gegebenheiten immer dann an, wenn
- an einer der Stellschrauben gedreht wurde
- spätestens vier Wochen (bei wichtigen Projekten: zwei) vergangen sind.
- Weder Ihre Teammitglieder noch Ihr Auftraggeber sind begeistert, wenn sich der Plan «schon wieder» ändert. Lassen Sie sich nicht beirren. Diese kleine Irritation ist nichts im Vergleich zum Ärger, den Sie sich durch eine rollierende Planung ersparen.

8 Tip für Topmanager: Das Projektende

Sichern Sie das Know-how

Nirgends lernt man so viel wie im Projekt. Deshalb ist in vielen Unternehmen das Projektmanagement auch die Personalentwicklungsmaßnahme schlechthin. Die Erfahrungen aus dem Projekt sind nicht mit Geld zu bezahlen – obwohl sie gehörig welches bringen oder welches sparen. Im Projekt entdeckt man beispielsweise

- bislang unbemerkte oder tabuisierte fehldimensionierte Kapazitäten
- gravierende Qualifikationsmängel von Mitarbeitern
- arthritische Entscheidungswege
- veraltete Technologien
- total veraltete Projektmanagement-Handbücher.

Aus diesen Erfahrungen lassen sich unschätzbare Tips für künftige Projekte ableiten. Und jetzt kommt's: Das juckt die meisten Unternehmen nicht im geringsten. Denn das Projekt ist abgeschlossen. Alle sind mächtig froh, daß es geschafft ist. Die Zeit drängt, so daß alle möglichst rasch zum neuen Projekt eilen. Die Projektteilnehmer nehmen zwar ihre unschätzbaren Erfahrungen mit, aber sie teilen sie nicht mit anderen Kollegen.

Die Kollegen in anderen Projekten machen deshalb dieselben Fehler wie die erfahrenen Kollegen zuvor. Sie erfinden buchstäblich das Rad neu! Sie verschätzen sich beispielsweise bei der Aufwandsschätzung genauso wie ihre mittlerweile erfahrenen KollegInnen. Das Unternehmen hat aus der Erfahrung nichts gelernt. Es wirft sein Geld zum Fenster raus, weil es das angesammelte Know-how brachliegen läßt.

In Unternehmen mit Projektmanagement-Erfahrung ist das ganz anders. Da gibt es funktionierende Datenbanken. Ein Projektmanager kann bei der Aufwandsschätzung auf Erfahrungswerte zurückgreifen: «Moment, da war doch mal ein ähnliches Projekt vor zwei Jahren. Wie viele Tage haben die damals angesetzt und dann realisiert?»

Erfahrene Topmanager haben längst erkannt, daß die Know-how-Sicherung ihr ureigenstes Interesse ist. Unerfahrene Manager lassen sämtliche ihrer Projektmanager nacheinander ins selbe Messer laufen. Erfahrene Manager bieten ihnen dagegen eine funktionierende Know-how-Datenbank an. Wie kommt diese zustande? Ganz einfach. Bestellen Sie einen Projektmanager dafür.

Das Know-how des abgelaufenen Projektes selbst können Sie am besten in einer Abschlußveranstaltung sichern: «Feiern und Sichern.» Das kostet Sie zwar einen Tag, aber der spart Ihnen pro künftigem Projekt zehn Tage, meist mehr. Feiern Sie den Projektabschluß in lockerer Runde und lassen Sie die gemachten Erfahrungen dokumentieren. Noch ein Tip: Diese Feier ist der geeignete Anlaß, das Projekt offiziell zu beenden. Damit wird verhindert, daß es zum U-Boot-Projekt wird. Bei Microsoft wird diese Projektbeendigung – typisch amerikanisch – zur Motivationsveranstaltung. Wenn ein Projekt on time ankommt, erhalten alle Beteiligten einen Ship-It-Award; eine Art Kristallstab mit Widmung für das erfolgreiche «Einschiffen» des Projektes.

Auf einen Blick: Am Projektende Know-how sichern

Gefahr:

Ein erfahrener Projektmanager nimmt seine Erfahrung ins nächste Projekt mit – und die unerfahrenen Kollegen machen dieselben Fehler, die der erfahrene Projektmanager schon einmal gemacht hat. Was für eine kostspielige Verschwendung.

☺ **Abhilfe:**

- Lassen Sie von einem zuständigen Projektmanager eine Projektbibliothek erstellen, in der sämtliche projektrelevanten Daten wie Aufwandsschätzungen oder Projektfallen (s.u.) dokumentiert werden.
- Verschaffen Sie jedem Ihrer Projektmanager Zugriff auf diese Datenbank, damit diese nicht teuer und zeitaufwendig jene Fehler wiederholen, die andere vor ihnen schon machten, und jedes Mal das Rad neu erfinden müssen.

9 Die ewigen Projektfallen

Hier fällt man immer wieder rein

Es gibt Dinge, die passieren einem nur einmal im Leben. Dann gibt es Pannen, die passieren immer wieder. Jede Stadt hat beispielsweise ihre unfallträchtige Kreuzung: Hier braucht man als Anwohner nur das Fenster aufzumachen, dann erlebt man einen Blechschaden mit. Auch Projekte haben diese Killerkreuzungen. Neuralgische Punkte, an denen es immer wieder kracht: die Projektfallen. Wer sie kennt, kann sie vermeiden. Die zehn häufigsten Fallen sind hier nur kurz skizziert. In den nachfolgenden Kapiteln können Sie sie im Detail kennen- und vermeidenlernen. Welche Fallen kommen Ihnen bekannt vor? Welche erleben Sie selbst? Vor welchen müssen Sie sich in acht nehmen?

1. Die Optimismus-Falle. Warum gehen gerade die innovativsten, ehrgeizigsten und bahnbrechendsten Projekte so oft baden? Weil die Projektmanager in die Optimismusfalle tappen. Je ehrgeiziger ein Projekt, desto blauäugiger sind viele Beteiligte. Insbesondere bei Neulandprojekten sind alle Teilnehmer viel zu optimistisch, was Zeit, Budget und Nutzen anbelangt. Alle glauben, in zwei Jahren die bahnbrechende Innovation aus dem Hut zu zaubern, die den Markt revolutionieren wird. Weil das viel zu optimistisch ist, dauert es dann vier Jahre, das Budget wird überschritten, und aus dem Frontrunner-Produkt wird ein Me-too, weil die Konkurrenz schon da ist.

2. Die Entscheidungs-Arthrose. Viele Projekte gehen deshalb schief, weil sie ganz einfach an oberster Stelle vertrödelt werden. Wenn es brennt und der Projektmanager eine schnelle Entscheidung braucht, dann ist kein Mensch erreichbar, der sich eine Entscheidung zutraut. Entweder ist der Betreffende gerade verreist, die Entscheidung wird vertagt oder der Linienentscheider fragt zuerst ganz oben nach.

3. Der Tyrannosaurus-Effekt. Einige Projekte werden buchstäblich totgeritten. Irgendein Topmanager will mitten im Projekt eine Extrawurst. Plötzlich soll noch dies oder jenes hereingenommen werden. Oder es werden ohne jede Rücksicht aufs Projekt Leute abgezogen. Was können Sie tun? Dem großen Vorstand widersprechen? Sie als einfacher Projektmanager?

4. Die Sozialkompetenzfalle. Nicht die Technik ist der Engpaßfaktor im Projekt, sondern der Mensch. Fast immer reicht die Sozialkompetenz des Projektmanagers nicht aus, um die auftauchenden Konflikte in vertretbarer Zeit zu klären und die vielen Experten endlich an einem Strang – in dieselbe Richtung! – ziehen zu lassen. Man zerstreitet sich hoffnungslos und das Projekt wird immer langsamer und teurer.

5. Die Parkplatzfalle. Sie rechnen mit 60 Tage für ein bestimmtes Arbeitspaket. Aber dann stellt die entsprechende Abteilung nicht einen Experten ab, der das Paket in 60 Tagen schafft, sondern einen Frustrierten oder einen Newcomer. So «parkt» die Linie ihre unbequemen Mitarbeiter in Ihrem Projekt. Zyniker sprechen von «Manager-Entsorgung» oder «Zwischenlagerung». Resultat: Das Arbeitspaket braucht 120 Tage. Generell gilt: Nicht die besten Mitarbeiter werden abgestellt, sondern die verfügbaren. Die Besten braucht die Linie selbst.

6. Die Fachexpertenfalle. In der Regel werden die besten Fachexperten zum Projektmanager ernannt. Das sind die, die wissen, «wo's langgeht». Und das sagen sie ihrem Team auch. Das Team fragt sich: Wozu braucht er uns, wenn er alles besser kann? Das Projekt versinkt in allgemeiner Demotivation.

7. Die Quertreiberfalle. Ein Bereichsleiter treibt quer. Das ist die Regel, nicht die Ausnahme. Der Bereichsleiter hält natürlich nicht in böser Absicht Ihr Projekt auf. Ihm ist nur die Jacke näher als die Hose. Für den Bereichsfürsten hat das Tagesgeschäft Priorität vor dem Projekt.

8. Die Werkzeugfalle. Je größer das Problem, desto teurer das Werkzeug, das man einkauft. Eine große deutsche Bank hatte das Problem, daß laufende Projekte sich verzögerten, wenn die Leute noch während des alten Projektes bereits ein neues bearbeiten mußten. Ein fünfstelliger Betrag wurde für eine Multi-Projektmanagement-Software ausgegeben, um die exakte Verzögerung der Altprojekte zu errechnen. Die Software verrottet seither ungenutzt, weil die Geschäftsführung die Ergebnisse nicht mag, die die Software zutage förderte. Die Chefs wollten neue Projekte. Den Preis dafür wollte sie nicht wissen. Merke: Teure Tools können nur diejenigen Probleme lösen, die man lösen will.

9. Sinnlose Sitzungen. Das ist die Projektkrankheit schlechthin. Man sitzt stundenlang am Tisch und redet im Kreis. Jeder will seine Meinung durchsetzen. Man spielt «Ober sticht Unter». Es geht ums Rechthaben, nicht ums Problemlösen. Einen Ausweg aus der fruchtlosen Streiterei gibt es nur, wenn es Ihnen als Moderator gelingt, Regeln zu vereinbaren und durchzusetzen. Die Regeln können sein:

1. Erst alles auf den Tisch. Erst die Vorschläge, dann die Diskussion.
2. Jeder macht seinen Vorschlag zur Problembeschreibung.
3. Diskussion: Auf welche Problembeschreibung einigen wir uns?
4. Jeder macht seinen Vorschlag zur Zielbeschreibung.
5. Diskussion: Auf welche Zielbeschreibung einigen wir uns?
6. Jeder macht seinen Vorschlag zur Zielerreichung.
7. Diskussion: Auf welche Wege zur Zielerreichung einigen wir uns?

10. Die Ressourcenfalle. Sie erhalten den Projektauftrag, stellen aber schon bei der ersten Planung fest, daß sich Ihr Unternehmen das Projekt nicht leisten kann, weil zu wenig Personalkapazität vorhanden ist. Sie laufen aufgeregt zurück zum Auftraggeber, um ihm das zu melden, werden aber zurechtgewiesen: «Meckern Sie nicht! Zu wenig Leute! Ich will das nicht hören!» Sie sind in die Falle getappt. Erfahrene Projektmanager meckern nicht, sie planen mit den realen Gegebenheiten und zeigen lediglich die Konsequenzen für die vier Stellschrauben Ziele, Termine, Kosten, Kapazitäten auf.

10 Die Optimismusfalle

Topmanager sind Optimisten

Zwei Topmanager gehen über die Hannover-Messe. Da sehen sie eine fast unglaubliche Produktionsanlage. Hoher Output, geringe Wartungskosten, hohe Wirtschaftlichkeit und im übrigen genau das, was in ihrer Fertigung den momentanen Engpaß beseitigen könnte. Und alles noch zu einem vernünftigen Preis! Die beiden Topmanager, Bereichsleiter und Einkaufsleiter, sind begeistert. Und da beide zeichnungsberechtigt sind, ordern sie nach einem Telefongespräch mit ihrem Geschäftsführer die Maschine kurzerhand: «Damit erzielen wir eine phantastische Produktivitätssteigerung!»

Für die Abwicklung mit dem Lieferanten, das Einrichten und die Schulung der Bediener werden Sie als Projektmanager bestimmt. Was halten Sie von dem Projekt? Nicht viel? Sie haben ein feines Gespür – oder erinnern sich an die Projektfußangel Nummer 1: die Optimismusfalle. Denn auf der Messe war kein Fertigungsfachmann dabei. Die Topmanager kauften nicht, weil sie sachkundig für die Fertigung, sondern weil sie optimistisch waren.

Prompt fällt der zuständige Fertigungsleiter vor Lachen fast um, als Sie ihm das Projekt schildern: «Die Maschine kenne ich, das ist die ZX 2400 von der Firma XY. Die läuft super bei 3000 Stück pro Stunde, aber bei 5000 gibt sie den Geist auf, und wir fahren derzeit mit 7000!» Kaum vorstellbar? Da sind mir in meiner Beratungspraxis schon ganz andere Katastrophen untergekommen.

In einem größeren Fertigungsunternehmen hatte man schlicht die Abmessung einer neuen Maschine übersehen. Als der Lieferant das

Aggregat anlieferte, paßte es nicht in die Fertigungshalle. Man hatte vergessen nachzumessen. Die Optimisten dachten sich: «Wird schon irgendwie reinpassen.»

Der Chef eines großen Zahnarztzentrums in Süddeutschland entschloß sich eines Tages schweren Herzens, seine gesamte Behandlungsapparatur zu ersetzen. Der Kundendienst meinte: «Die Anlagen sind über zehn Jahre alt. Die Ersatzteile sind nur noch schwer zu bekommen. Und Sie haben jährlich 10 000 DM Reparaturkosten, weil das alte Zeug langsam auseinanderfällt. Wollen Sie das nicht billiger haben?» Er wollte. Er gab dem Drängen seines Lieferanten nach und ließ sämtliche 10 Behandlungsräume für einige Millionen DM komplett neu ausstatten. Seither hat er Reparaturkosten von jährlich 12 000 DM. Weil man sich so darauf konzentrierte, das «alte, teure Zeug» hinauszuwerfen und weil man blind dem Berufsoptimismus des auftragshungrigen Lieferanten vertraute, übersah man, daß durch den Kostendruck der letzten Jahre die Hersteller nicht mehr die Qualität von früher liefern können. Der Optimismus des Chefs kostete hier buchstäblich Millionen. Merke: Lieferanten sind die Sirenen, die Sie in die Optimismusfalle locken.

Mittelmanager sind Pessimisten

Als Projektmanager sitzen Sie für gewöhnlich zwischen Optimisten und Pessimisten gefangen. Die Topmanager sagen: «Super Maschine! Sofort einbauen!» Die Abteilungsleiter sagen: «Was schleppt der Chef denn da wieder für Rohrkrepierer an?» Die Topmanager handeln nach dem Motto: «Das paßt schon irgendwie. Das managen wir locker.» Die Abteilungsleiter denken: «Die haben keine Ahnung.» Und dazwischen hängen Sie als Projektmanager zwischen allen Stühlen.

Natürlich geht das nicht friedlich ab. Die Topmanager werfen den Fertigungsleuten Sabotage vor. Die Fertigungsleute bezeichnen die Topmanager als Dilettanten. Sie als Projektmanager sitzen nicht nur zwischen den Feuerlinien und bekommen die Ladungen beider Seiten ab. Sie können die Lage auch nicht klar einschätzen. Wieviel vom Tatendrang Ihrer Auftraggeber ist blanker, unrealistischer Optimismus? Und wieviel ist berechtigter und konstruktiver Innovationsgeist? Wieviel vom Widerstand der Abteilungsleiter im Projekt ist unberechtigter, trotziger Pessimismus? Und wieviel sind realistische und konstruktive Bedenken? Kurz: Wer von beiden hat recht? Funktioniert das Projekt nun oder nicht? Und wie finden Sie das heraus?

Der Lieferant ist in diesem unglücklichen Streit keine Hilfe. Denn wenn Sie ihn fragen, sagt er immer: «Keine Bange. Das machen wir schon.» Lieferanten sind Zweckoptimisten. Wären sie es nicht, wären sie den Auftrag los. Stellen Sie sich vor, ein Lieferant sagt: «Das geht nicht. Das wird schwierig.» Der Auftrag ist weg. Wie können Sie verhindern, daß der Krieg zwischen Optimisten und Pessimisten Ihr Projekt aufhält und am Ende zerstört? Wie finden Sie heraus, ob und wie Ihr Projekt realisierbar ist? Ganz einfach: Machen Sie einen Test.

Der Test als Lösung

Erfahrene Unternehmen und Projektmanager umgehen die Optimismusfalle, indem sie Tests veranstalten. Ein Hamburger Kreditinstitut wollten vor einiger Zeit eine bestimmte Software für die Kunden- und Geschäftsbetreuung aufgrund eines typischen Optimistenurteils anschaffen: «Super Programm. Müssen wir haben.» Glücklicherweise besann sich ein Mitglied der Geschäftsleitung auf die Fallen im Projektmanagement. Deshalb beschloß man, zuerst einen Test zu machen.

Ein Test ist keine Sache von fünf Minuten. Denn der Test muß ja mit echten, unternehmenseigenen Daten gefahren werden. Dazu müssen Sie erst einmal wissen, welche Daten Sie nehmen wollen. Das wiederum setzt voraus, daß Sie wissen, welche Vorgänge Sie mit der neuen Software bearbeiten wollen und wie genau die gewünschten Ergebnisse aussehen sollen. Also welche Tabellen, welche Datentiefe, ob man Zwischenschritte einbauen oder auslassen soll, ob es genauer oder lieber schneller oder beides wahlweise gehen soll. Kurz: Sie brauchen ein Anforderungsprofil oder Pflichtenheft für die neue Software.

Bei besagtem Hamburger Kreditinstitut machten wir 35 verschiedene Testläufe für verschiedene Anwendungsziele. Diese Tests fraßen sage und schreibe ein ganzes Drittel der gesamten Projektlaufzeit. Aber die Akzeptanz des Projektes war danach hervorragend – was bei EDV-

Projekten die Ausnahme ist – weil alle Anwender sicher sein konnten: «Das isses. Genau das und nichts anderes muß unsere neue Software können, und wir wissen jetzt, daß sie es kann.» Im Normalfall merkt man dagegen nach einigen Wochen, daß das «Super-Programm» gar nicht so super ist, wie die Optimisten glaubten. Es kann dies und jenes nicht und ist furchtbar user-unfreundlich konstruiert. Man ist in die Optimismusfalle getappt.

Natürlich können Sie mit größeren Maschinen keine Tests fahren. Das macht der Lieferant nicht mit. Obwohl Sie es mit kleineren Maschinen immer versuchen sollten. Die Lieferanten müssen da mitziehen, weil sie Aufträge brauchen. Aber selbst wenn Sie wegen der Größe der Anlage keine Tests machen können, können Sie Quasitests veranstalten. Lassen Sie sich einfach Referenzinstallationen nennen, die in so vielen Anforderungen wie möglich mit Ihrem eigenen Anforderungsprofil übereinstimmen. Dieses Vorgehen ist übrigens so selbstverständlich, daß manche Hersteller solche Referenzdaten schon zu ihren Prospekten dazulegen. Dann besuchen Sie – mehrere – Referenzinstallationen.

Sprechen Sie mit den dortigen Anwendern. Nicht nur mit den optimistischen Topmanagern. Auch mit Karlchen Klein, dem gewöhnlichen Bediener. Dann finden Sie schnell heraus, ob die Maschine das hält, was die Optimisten sich von ihr versprechen. Nehmen Sie Ihr Projektteam mit. Achten Sie auf eine ausgewogene Mischung aus Optimisten und Pessimisten. Die Reisekosten sind minimal im Vergleich zum Schaden, der entsteht, wenn Sie nicht reisen.

Der Normalfall: keine Tests

Warum gehen so viele EDV-Projekte schief? Sie gehen schief, weil keine Tests gemacht werden. Die Engländer sagen: Look, before you leap. Schau hin, bevor Du investierst. Man kann auch nach Schiller sagen: Drum prüfe, wer sein Kapital bindet, ob sich vielleicht was Bess're findet. Das wissen die meisten Topmanager auch. Aber sie handeln nicht danach.

Denn erstens kümmert sich keiner so recht um die Tests. Auch viele Projektmanager – Sie ausgenommen – nicht. Und zweitens werden die Leute nicht freigestellt, die Sie für die Tests brauchen: «Tests? Wozu? Die Maschine ist doch super!» sagen die Optimisten. Das Resultat erleben wir täglich. Superteure, hochkomplexe EDV-Programme, Telefon- und Zeiterfassungsanlagen, Transport- und Lagerhaltungssysteme, die

- nicht voll für die realen Anwendungen geeignet sind
- die Anwender in ihrer Komplexität völlig überfordern und daher
- nur zu 10 Prozent genutzt werden.

Besonders kraß ist das bei den neuen, teuren, hochkomplexen Telefonanlagen: Telefonkonferenz, Rückrufschaltung, Anruferkennung, automatische Rufmitführung, Erinnerungsdienst – und was machen die Leute damit? «Öh, hm, ich telefonier' halt wie mit den alten Geräten auch – ich versteh' das ganze moderne Zeugs nicht.» So wirft man sein Geld zum Fenster hinaus. Grenzenloser Optimismus ist schön, aber teuer. Es kommt immer darauf an, ob Ihr Unternehmen ihn sich leisten kann. Und ob Sie als Projektmanager hinterher den Kopf hinhalten müssen, wenn herauskommt, daß die neue Anlage nichts taugt oder die Leute nur 10 Prozent davon tatsächlich nutzen.

Der Extremfall: lauter Optimisten

Ganz schlimm wird es, wenn nicht nur die Topmanager, sondern auch die Anwender total begeistert sind. Sie kennen das: Kaufrausch. Alles Neue ist automatisch besser. Eine Telefonanlage mit 25 Knöpfen, die aussieht wie Michael Schumachers Cockpit – wer kann da schon widerstehen? Sie, der Projektmanager!

Wenn die Pessimisten mosern, dann haben Sie wenigstens ein Regulativ für den Optimismus der Topmanager. Denn irgendeinen berechtigten Zweifel können Sie mit etwas Übung hinter jedem überzogenen Pessimismus entdecken. Das ist dann sehr nützlich. Aber wenn alle total begeistert sind, dann fehlt sogar dieses schwache Indiz auf Schwächen der neuen Anlage. Was tun?

Tun Sie auf keinen Fall das Nächstliegende, nämlich Ihre eigenen Zweifel zu äußern: «Die Drehzahl ist viel zu niedrig; der Kolben bleibt doch in härterem Metall sofort hängen!» Wenn Sie das einem eingefleischten Optimisten vorhalten – so absolut gesichert Ihre Erkenntnis auch sein mag –, dann gelten Sie als Spielverderber, Miesmacher, Besserwisser oder Saboteur: «Nun machen Sie sich nicht ins Hemd, Herr Projektmanager, das Kind schaukeln wir schon!» Und je stärker Sie insistieren, desto stärker wird der Widerstand und die Verärgerung der Optimisten. Also lassen Sie's.

Gehen Sie taktisch klüger vor. Laden Sie zum ersten Projekttreffen einige alte Hasen ein. Leute, die auf dem betreffenden Gebiet jahrelange Erfahrung haben. Solche Experten müssen Sie mit der Lupe suchen, denn sie gelten in einem Unternehmen nicht viel, das blind optimistisch jede neue Maschine durch die rosa Brille sieht. Sie haben sich zu oft den Mund verbrannt und sind deshalb abgetaucht. Sie sind Realisten. Aber für die Optimisten sind sie Pessimisten. Das ist eine schöne Paradoxie. Auf die Mitarbeiter mit der größten Erfahrung hört man in der Regel nicht. In optimistischen Firmen sind nur Jasager und Jubler gern gesehen. Verschaffen Sie den Realisten Gehör.

Laden Sie sie ein und moderieren Sie geschickt an. Bekennen Sie sich voll und ganz zu dem neuen Projekt: «Ich will, daß das Projekt 100 Prozent Erfolg hat. Dazu müssen wir alle erdenklichen Risiken erkennen und ausschalten. Deshalb habe ich heute Herrn Meier und Frau Müller eingeladen. Beide arbeiten seit 20 Jahren auf diesem Gebiet. Wenn es ein Hindernis bei der Einführung der neuen Maschine gibt, dann kennen es die beiden. Beide spielen heute den Advocatus Diaboli. Das heißt, sie setzen jetzt die ultrakritische Brille auf und werden uns eine ganze Reihe von möglichen Fehlern, Risiken, Nachteilen und Macken nennen, die wir diskutieren werden.»

Optimisten sind optimistisch. Sie sind nicht dumm. Sie wollen sich nicht mit Risiken befassen. Vielleicht wischen sie die Einwände der Realisten weiter vom Tisch. Aber Sie können ihnen dabei – quasi als Gegenleistung – Testläufe oder andere Mittel zur gewissenhaften Prüfung der Machbarkeit des Projektes abringen. Die Optimisten wollen sich nicht weiter mit den Risiken befassen. Da ist es ihnen gerade recht, wenn Sie die unangenehme Aufgabe übernehmen.

Der Sonderfall: Berater als Optimisten

Ein Unternehmen braucht eine neue Software für die Auftragsabwicklung. Sie sind der Projektmanager. Die EDV-Abteilung sagt: «Wir brauchen drei Jahre von der Entwicklung bis zum Testlauf.» Ihr Auftraggeber sagt – erraten Sie's?: «Drei Jahre?!!! Das muß in einem Jahr fertig sein!» Also fragen Sie ein externes Software-Haus. Der Externe sagt: «Ein Jahr? Machen wir.» Was ist das? Richtig, Zweckoptimismus.

Früher bekam der Externe den Auftrag, schaffte es nicht in einem Jahr, brauchte zwei Jahre – aber er hatte den Auftrag. Inzwischen sind die Auftraggeber gewitzter. Sie vereinbaren Fixprojekte. Fixes Datum, fixes Honorar. Wenn der Externe länger braucht, bitte, dann arbeitet er eben ohne Honorar. Das will er aber nicht, weshalb er pünktlich nach einem Jahr abliefert. Gut für Sie als Projektmanager? Schlecht, sehr schlecht.

Denn wann immer sich die Ziele oder Rahmenbedingungen des Projektes ändern, wann immer noch etwas dazu muß oder anders gemacht werden muß, weil der Markt sich plötzlich gedreht hat, winkt der Externe ab: «Tut mir leid. Ist nicht im Projektvertrag geregelt. Aber können wir gerne noch machen. In Stufe 2.» Stufe 2 ist Lieferanten-Sprache für: «Bitte noch einen Auftrag.» Das ist clever, aber kein Projektmanagement. Denn Projektmanagement, das für die Veränderungen der Umwelt nicht offen ist, ist kein Projektmanagement, sondern ein unbeweglicher Betonklotz, der in dem Moment schon veraltet ist, in dem er geliefert wird.

Wenn das Projekt nach einem Jahr schließlich abgeliefert wird, reißt Ihnen Ihr Auftraggeber den Kopf ab: «Was? Noch eine Stufe? Was soll das heißen? Ich denke, das Projekt ist nach einem Jahr fertig!!» Sie sind wieder in die Optimismusfalle getappt. Bedenken Sie:

- Wenn ein Externer behauptet, schneller zu arbeiten als Ihre interne Abteilung, dann hat das einen Grund.
- Entweder er ist tatsächlich schneller oder er friert einfach die Anforderungen stillschweigend ein. (Meist von beidem ein bißchen.)

- Wenn er tatsächlich schneller und trotzdem noch offen für Änderungen während der Projektlaufzeit ist, haben Sie Glück gehabt.
- Wenn er das Projekt nur einfriert, sind Sie in die Optimismusfalle getappt.

Sie können die Optimismusfalle umgehen, indem Sie Ihrem Externen das Einfrieren austreiben. Ermitteln Sie, welche Änderungen voraussichtlich im Laufe eines Jahres anfallen könnten. Für den Zeitraum eines Jahres kann man solche Dinge überschlägig beurteilen. Dann schreiben Sie diese Änderungen im Vertrag fest. Das erfordert ein bißchen Verhandlungsgeschick, aber das kriegen Sie mit etwas Übung hin. Sie werden sehen, plötzlich steigt die Projektlaufzeit. Sie wird realistisch. Vorher war sie optimistisch.

Tip für Topmanager: Optimismus dosieren

Aus der Sicht des Topmanagers hat die Optimismusfalle noch eine andere, gravierende Nebenwirkung. Topmanager sind Optimisten, was ihre eigenen Projektideen betrifft. Sie sind Pessimisten, was die Projektideen von unten, von den «gewöhnlichen» Mitarbeitern betrifft. Das riecht nach Eigentor.

Jedes Projekt, das von «oben» kommt, wird von «oben» bejubelt. Jedes Projekt, das von «unten» kommt, wird abgeblockt: «Der gewöhnliche Arbeiter hat doch keine Ahnung davon. Das überblickt er doch überhaupt nicht!» Warum ausgerechnet die Leute, die am weitesten von der Fertigung entfernt sitzen, besser über die Fertigung Bescheid wissen sollen als die Leute, die täglich die Produkte fertigen, ist eines der vielen ungelösten Rätsel des modernen Managements. Ein teures Rätsel.

Denn viele Mitarbeiter haben hervorragende Projektideen, die sterben, bevor sie geboren werden, weil die Mitarbeiter die Pessimismuskultur kennen und lieber den Mund halten. Diese Pessimismuskultur können Sie als Topmanager entscheidend beeinflussen, indem Sie eine innovationsfreundliche Kultur fördern, neue Ideen anregen und aufnehmen und vor allem zeitliche und finanzielle Freiräume für neue Ideen geben. Bei 3M müssen beispielsweise 30 Prozent vom Umsatz mit neuen Produkten gemacht werden. Selbstverständlich werden dafür auch 30 Prozent der Kapazitäten freigestellt. Alles hat seinen Preis. Man kann nicht Innovation fordern und nichts dafür bezahlen wollen.

Ein Hauptinstrument für Projekte von «unten» ist natürlich das Vorschlagswesen. In großen Unternehmen wartet der ideenreiche Mitarbeiter schon mal ein Jahr darauf, bis sein Verbesserungsvorschlag geprüft und umfassend beantwortet ist. Danach ist seine Begeisterung natürlich verflogen. Er faßt die Verzögerung als Pessimismus auf: «Die trauen uns wohl nicht.» Seinen nächsten Vorschlag behält er für sich. Ignacio Lopez hat bei VW die Bearbeitungsvorgänge für Vorschläge beschleunigt und die Wartezeit radikal verkürzt. Das motivierte die Leute, steigerte Zahl und Güte der eingebrachten Vorschläge und senkte im Endeffekt die Fertigungskosten.

Moral: Es ist schön, wenn Manager ihre Projektideen optimistisch beurteilen. Gesunden Optimismus braucht das Land. Gleichzeitig ist blinder Optimismus jedoch ein Eigentor, weil er häufig mit einem unbegründeten Pessimismus gegenüber den Projektideen von «unten» einhergeht. Wenn Sie also wieder einmal hochoptimistisch an ein Projekt herangehen, fragen Sie sich, wie viele gute Projektideen von «unten» dafür sterben mußten.

Auf einen Blick: Die Optimismusfalle

Gefahr:

Auftraggeber, Anwender, Manager, Berater und Lieferanten sind oft total begeistert von einem Projekt und geben viel zu optimistische Aufwands- und Zieleinschätzungen ab. Irgendwann stellen sich diese Einschätzungen als blanke Illusion heraus – und Sie haben den Schwarzen Peter.

☺ **Abhilfe:**

- Lassen Sie sich nicht vom Optimismus Ihrer Auftraggeber oder Anwender anstecken. Engagement ja, Optimismus nein.

- Treten Sie nicht als Buh-Rufer auf, sondern moderieren Sie geschickt den kulturellen Konflikt zwischen Optimisten und Realisten.
- Setzen Sie alle Mittel ein, die eine realistische Einschätzung fördern:

- [ ] Realisten in die Runde bringen
- [ ] Testläufe veranstalten
- [ ] Referenzeinrichtungen abchecken
- [ ] alle Zeit-, Ziel-, Kapazitäts- und Finanzschätzungen als Fallunterscheidung mit optimistischer – realistischer – pessimistischer Schätzung vorlegen.

- Gehen Sie davon aus, daß alle externen Berater und Lieferanten Berufsoptimisten sind, und bringen Sie diese vertraglich auf den Boden der Realität zurück, bevor diese Sie mit Folgeaufträgen schlecht aussehen lassen.

11 Die Entscheidungs-Arthrose

Die Bürokratie bekämpfen

Ein leitender Angestellter sagte mal: «Für einen neuen Bleistift brauche ich so viele Unterschriften, daß ich dafür einen neuen Bleistift brauche.» Es ist schockierend, wie wenig die hellsten Köpfe in den Unternehmen selbst entscheiden dürfen. In den meisten Unternehmen ist peinlich genau geregelt, wer was entscheiden darf. Jeder kennt seine Befugnisse. Meist sind diese erschreckend gering. Das hat paradoxe Effekte aufs Projektmanagement.

Eigentlich wollen Firmen, wenn sie Projektmanagement einführen, «daß jetzt alles schneller geht». Da das Projektmanagement aber die alten, arthritischen Entscheidungswege benutzen muß, wird durch Projektmanagement nichts wesentlich schneller. Das verstehen viele Topmanager nicht so recht. Längst ist das Rationalisierungspotential der Fertigung ausgeschöpft. Die Fertigung arbeitet heute schlank und hochproduktiv. Die größten Rationalisierungspotentiale stecken heutzutage im Management, sprich der extremen Kontrollkultur: «Bevor hier nicht drei Stempel drauf sind, passiert nichts.» Die überbordende Bürokratie macht keine Unterschiede. Sie bremst alles aus, egal, ob Projekt oder Linie.

Die Schlußfolgerung für das Projektmanagement ist ernüchternd. Das Projektmanagement kann nicht schneller sein als die alten Strukturen, weil es die alten Strukturen benutzen muß. Da hilft nur eins: umorganisieren. Viele Unternehmen tun das derzeit, indem sie beispielsweise ihre träge Stab/Linien-Organisation durch schnelleres Produktmanagement ersetzen. Ein Produktteam betreut ein Produkt und viele Kunden und greift matrixartig auf die Wertschöpfungsprozesse der Linie zu.

Obwohl die Projekte gnadenlos von der Bürokratie ausgebremst werden, hat Projektmanagement doch einen großen Vorteil: Es deckt unbarmherzig die Trägheit der alten Hierarchie auf. «Ja, warum dauert das so lange?» «Die Entscheidung steckt in der Hierarchie fest.» Die Linie ist der Engpaß. Diesen Umstand macht das Projektmanagement transparent. Wer mit Projektmanagement beschleunigen will, muß erst die alte Struktur rationalisieren. Das ist natürlich ein schwacher Trost für Sie als Projektmanager. Bis die alte Struktur umgebaut ist, sind Sie in Rente. Was können Sie tun, damit hier und heute Ihr Projekt schneller die Bürokratiehürden nimmt? Die verschlafenen Instanzen einfach bypassen?

Das ist nahezu unmöglich. Es gibt hie und da Projektmanager, die unterschreiben eine Bestellung, die sie nicht hätten unterschreiben dürfen – nur damit es schneller geht. Aber wenn das herauskommt, tanzt der Bär. Als Projektmanager ohne hierarchische Kompetenzen sollten Sie sich auf solche gewagten Spiele nur einlassen, wenn Sie ein gewiefter Diplomat sind und Ihren Laden in- und auswendig kennen.

Was Sie statt dessen tun können und unbedingt sollten, ist – wie immer – die Sache auf den Tisch bringen. Ein guter Projektmanager zeichnet sich durch

- viel Zivilcourage
- eiserne Hartnäckigkeit
- einem Rufer-in-der-Wüste-Ethos
- und tadellose Argumentation aus

wenn er höflich, aber unermüdlich auf die Bremsorgien der alten Entscheidungswege hinweist, über sie berichtet, sie nach oben meldet und jedem auf die Nase bindet, der irgend etwas zu sagen hat: Steter Tropfen höhlt den Stein. Wann immer ein Bremser Ihr Projekt ausbremst: Machen Sie den Mund auf! Und lassen Sie es im Vorfeld gar nicht so weit kommen. Viele Bremsorgien lassen sich nämlich schon im voraus recht gut verhindern. Wir schauen uns im folgenden einige Anti-Blockierer-Strategien (ABS) an.

ABS für «nach Diktat verreist»

Sie brauchen dringend eine Entscheidung, laufen im Eilschritt ins Büro des großen Bereichsleiters, wo Sie nur gähnende Leere empfängt und eine verwaiste Sekretärin, die Ihnen lapidar mitteilt: «Herr Doktor Meier ist sechs Wochen in Urlaub.» Im Klartext: Ihr Projekt liegt jetzt sechs Wochen lang auf Eis. Denn natürlich hat der Entscheider keinen Stellvertreter hinterlassen, der entscheidungsbefugt ist. Vor allem zu den üblichen Urlaubszeiten ist diese Bremsattacke gegen Projekte fast die Regel. Die wichtigen Leute sind alle in Urlaub.

Was können Sie dagegen tun? Sie können niemandem den Urlaub streichen. Aber Sie können absehen, daß Leute in Urlaub gehen. Also sehen Sie es ab. Fragen Sie zur Not die Sekretärin des Entscheiders. Sichern Sie sich dabei doppelt ab: Markieren Sie im Projektplan die Zeiten rot, in denen wichtige Entscheidungen zu erwarten sind. Eigentlich sollte das genügen, damit die wichtigen Entscheider ihre Urlaubspläne oder den Projektplan darauf abstimmen. Das tun sie in der Regel aber nicht. Weil sie den Projektplan nicht lesen. Deshalb müssen Sie für zwei aufpassen. Vergleichen Sie die rot angestrichenen Zeiträume mit den Urlaubsplänen und klären Sie die Stellvertreterregelung.

Dasselbe gilt neben dem Urlaub natürlich für Auslandsreisen, Messe- und Kundenbesuche und andere Abwesenheitsgründe. Die Abwesenheit der wichtigen Entscheider können Sie ruhig im Projektplan festhalten. Was jeder sehen kann, wirkt besser.

ABS für sinnlos kleine Spielräume

Da war mal ein Unternehmen, das eine neue Anlage für sieben Millionen DM anschaffen wollte. Das Budget war freigegeben. Doch als der Projektleiter sich Fachliteratur für 30 DM kaufen wollte, mußte er erst den Vorstand um Erlaubnis fragen. Hören Sie den Amtsschimmel wiehern?

Wenn sieben Millionen freigegeben sind, welchen Sinn macht es dann, 30 DM davon extra zu genehmigen? Keinen logischen, wohl aber einen hierarchischen: Projektmanager haben keine formale Zeichnungsbefugnis. Als die Geschäftsführung die offensichtliche Unlogik beseitigte und nach langem Zögern dem Projektmanager Zeichnungsbefugnis bis 20 000 DM verlieh, war das Hallo im Unternehmen groß. Das hatte es bisher noch nicht gegeben! Ein kleiner, bedeutungsloser Projektmanager darf plötzlich für 20 000 DM selbst einkaufen! Daß derselbe Projektmanager sich privat ein Auto für 40 000 DM und ein Haus für 500 000 DM kaufen kann, wenn er es will, spielt keine Rolle. Im Betrieb traute man ihm nicht mal zu, für 30 DM sinnvoll Geld auszugeben. Doch damit nicht genug.

In diesem sehr zentralistisch geführten Familienunternehmen hatten auch die Bereichsleiter nicht viel zu sagen. Wann immer sogenannte Meilensteinentscheidungen im Projekt anstanden, mußten sie erst den großen Vorsitzenden fragen. Auch das verlangsamte jedes Projekt sinnlos. Deshalb beschloß man, den Bereichsleitern für Meilensteinentscheidungen einen eigenen Spielraum bis 500 000 DM zu geben. Das Ergebnis war paradox.

Obwohl bisher alle geklagt hatten, daß «man in diesem Unternehmen nichts selbst entscheiden darf», erschraken etliche Bereichsleiter über die plötzliche Freiheit doch sehr. Sie fragten: «Was ist, wenn ich für 500 000 DM eine falsche Entscheidung treffe? Rollt dann mein Kopf?» Wenn man bislang auch über die Unfreiheit klagte, die Sicherheit, daß immer der große Vorsitzende die großen Entscheidungen trifft, wollte man(ager) nicht missen. Einige Bereichsleiter kamen mit der neuen Verantwortung überhaupt nicht zurecht. Andere stellten sich ihr und trafen wohlüberlegte Entscheidungen.

Auch hier gilt: Von nichts kommt nichts. Verlassen Sie sich nicht darauf, daß Ihnen irgendwann irgendwer irgendeinen Spielraum gibt. Spielraum ist Holschuld. Holen Sie ihn sich. Aber Vorsicht: Fordern Sie ihn nicht frech, sonst fühlen sich die Topmanager bedroht und reagieren unwirsch. Zeigen Sie einfach ganz sachlich die Konsequenzen auf. Wenn Sie wegen jeder 30-DM-Rechnung zur Geschäftsleitung laufen müssen, dann dauert das Projekt eben zwei Monate länger. Sagen Sie das den Topmanagern. Wenn sie das in Kauf nehmen, prima. Dann sind Sie aus dem Schneider. Werden Sie nicht gleich maßlos. Fordern Sie für den Anfang nur den Spielraum, den Sie für die vielen kleinen Entscheidungen des täglichen Projektlebens brauchen. Meist sind das wenige zehntausend DM.

ABS gegen Verschlepper

Viele Entscheidungen verzögern sich, weil die Entscheider die Sache einfach verstauben lassen. Während der Entscheider scheinbar Däumchen dreht, sitzen Sie als Projektmanager wie auf Nadeln. Was können Sie tun? Geben Sie's dem Entscheider; geben Sie ihm Informationen. Je mehr Informationen ein Mensch besitzt, desto leichter fällt ihm die Entscheidung – wenn es die richtigen Informationen sind.

Viele Projektmanager brocken sich die Verschleppersuppe selbst ein, weil sie unzureichende Entscheidungsunterlagen einreichen. Sie

- schreiben Romane, statt auf den Punkt zu kommen
- reden schön, anstatt die ungeschminkte Wahrheit zu sagen
- geben die falschen oder unzureichende Informationen.

Beispielsweise verlangte ein Projektmanager bei einem Komponentenhersteller neulich von seinem Entscheider: «Ich brauche Maschine X, sonst geht das hier nicht weiter.» Was passierte? Die Entscheidung wurde wochenlang verschleppt. In diesem Ton kann man einfach nicht mit einem Ranghöheren sprechen, das klingt nach Erpressung. Und Erpressung provoziert Verschleppung. Wer eine prompte Entscheidung will, muß seinem Entscheider alle nötigen Informationen geben, damit dieser ohne Druck entscheiden kann. Der Entscheider möchte beispielsweise wissen: «Wieso ausgerechnet Maschine X? Gibt es keine billigere Alternative? Haben Sie auch andere Möglichkeiten geprüft?» Eine Entscheidung zu treffen, wenn man überhaupt keine Wahl hat, fällt Topmanagern äußerst schwer. Es beleidigt ihren Omnipotenz-Anspruch. Also lassen Sie ihnen die Wahl. Zeigen Sie Alternativen auf.

Zum Aufzeigen der Alternativen gehört auch, daß Sie die alternativen Konsequenzen der Entscheidung aufzuzeigen. Das ist absolut unverzichtbar. Wenn Sie Ihrem Entscheider die Konsequenzen nicht zeigen, verlangen Sie von ihm, ins Blaue hinein zu entscheiden. Entscheider wollen immer wissen, welche Auswirkungen ihre Entscheidung auf.

- die Projekt-**Q**ualität (also die Ziele)
- die Projekt-Laufzeit (Kürzel: **T,** für Time)
- die **K**osten und
- die **P**ersonalkapazität hat.

Das sind unsere vier Stellschrauben. Ganz einfach zu merken: **Q-T-K-P.** Schreiben Sie also keine Romane, sondern zeigen Sie, wie sich diese vier verändern, wenn die Entscheidung gefällt, wenn sie nicht gefällt oder wenn sie verzögert wird.

Wenn dann die Entscheidung immer noch auf sich warten läßt, rufen Sie beim Entscheider an. Aber jammern Sie nicht, das ist nutzlos. Machen Sie auch keinen Druck, der geht nach hinten los. Fragen Sie ganz einfach, welche Daten der Entscheider noch braucht, um eine fundierte Entscheidung zu treffen. Vielleicht haben Sie ja wirklich etwas übersehen oder der Entscheider hat ein ganz besonderes Info-Bedürfnis. Oder er hat ganz einfach Ihre Entscheidungsvorlage nicht gelesen und Sie können sie ihm kurz am Telefon erläutern. Mit der Betonung auf kurz. Manche Entscheider hören lieber als sie lesen. Deshalb ist es für Sie wichtig, immer mit den Leuten zu reden.

Nebenbei bemerkt: Natürlich ist es schlechter Stil, daß der Entscheider nicht sofort bei Ihnen anruft, wenn er bemerkt, daß Daten fehlen. Einige Topmanager sind so erfahren, das zu tun. Aber viele tun's nicht. Über die Unfähigkeit des Managements zu jammern bringt Ihnen jedoch wenig. Denken Sie daran: Fast alles im Leben eines Projektmanagers ist Holschuld. Dafür kann es aber auch Spaß machen, mit den Top-Entscheidern quasi auf du und du zu stehen. Wenn Sie die Augen offenhalten, erhalten Sie so karriereförderliche Einblicke in die große Geschäftspolitik. Mit ein wenig Geschick können Sie sich sogar als Entscheidungsvorbereiter profilieren. Das ist ein gutes Karrieresprungbrett. Der Geschäftsführer der deutschen Tochter eines finnischen Konzerns sagte mal über eine seiner Projektleiterinnen: «Bei der Müller unterschreibe ich blind. Auf die kann ich mich verlassen. Die Entscheidungen sind immer top vorbereitet.» So ein Kompliment ist bares Geld wert.

ABS gegen die liebe Terminnot

Wenn die Entscheidung, die Sie brauchen, mehrere Bereiche betrifft, haben Sie in der Regel ein Problem. Die verschiedenen Bereichsleiter haben nie zum selben Termin Zeit. Bis ein gemeinsamer Termin gefunden ist, vergehen oft Wochen, manchmal Monate. Das ist untragbar. Zwei Tips dagegen:

1. Versteifen Sie sich nicht auf den gemeinsamen Termin. Versuchen Sie, die Entscheidung in Einzelgesprächen herbeizuführen: «Wenn Bereichsleiter B den Motor verkleinert, würden Sie dann das Chassis neu designen?» Jeder Bereichsleiter hat einen Entscheidungsspielraum, in dem er sich bewegt. Finden Sie alle Spielräume heraus und prüfen Sie, wo die Schnittmenge liegt. Das erfordert einen guten Überblick, Verhandlungsgeschick und eine Eselsgeduld. Aber es geht garantiert schneller, als auf den unmöglichen gemeinsamen Termin zu warten. Wenn die Bereichsleiter sich jedoch gegenseitig (oder Ihnen) mißtrauen, dann funktioniert das nicht. Dann wollen die Bereichsleiter sich von Angesicht zu Angesicht gegenübersitzen.
2. Erinnern Sie sich an das Holschuldprinzip? Auch Termine sind Holschuld. Sie würden sich wundern, wenn Sie wüßten, wieviel Sie allein dadurch erreichen, daß Sie Tag für Tag im Sekretariat des Entscheiders auftauchen und höflich, aber bestimmt nach einem Termin fragen. Sekretärinnen sind einflußreiche Wesen. Sie machen die Termine ihres Chefs. Es gibt Sekretärinnen, die vergeben Termine nach Sympathie des Bittstellers. Also behandeln Sie sie mit Respekt und Freundlichkeit. Kleine Geschenke erhalten die Freundschaft. Das größte Geschenk dabei ist Ihre Freundlichkeit. Denn jeder hackt auf der Sekretärin rum. Wenn Sie sie wertschätzend behandeln, kommen Sie weit. Die Engländer sagen: A little smile can go a long way.

ABS gegen Drückeberger

Es kommt immer wieder vor, daß sich ein Entscheider um die Entscheidung drückt. Obwohl Sie sie tadellos vorbereitet haben. Der Grund: Er ist in der Zwickmühle. Egal, wie er entscheidet, er ist der Dumme dabei. Er muß zum Beispiel einen zusätzlichen Mann für Ihr Projekt abstellen. Tut er es, fehlt ihm ein Mann. Tut er's nicht, bekommt er Ärger mit Ihnen und Ihrem Auftraggeber. Also irrt er wie Buridans Esel zwischen den Heuhaufen hin und her und kann sich nicht entscheiden. Er zögert die unliebsame Entscheidung so lange wie möglich hinaus. Er versucht, sie auszusitzen.

Auch dieses Problem können Sie mit einem einfachen und mehrfach erwähnten Rezept lösen: Immer mit den Leuten reden. Sprechen Sie mit ihm. Hier ist Ihre Coaching-Kompetenz gefragt. Helfen Sie ihm aus seinem Dilemma, indem Sie seine Interessen schützen. Wenn Sie schon einen zusätzlichen Mann von ihm brauchen, zeigen Sie ihm, wie man es arrangieren könnte, daß er so kurz und so wenig wie möglich darunter leiden muß. Arbeiten Sie auf den Interessenausgleich hin: so gewinnen beide. Wenn nur er verliert, wird er die Entscheidung nie treffen.

ABS gegen operative Hektik

Die operative Hektik dürfte der häufigste Grund sein, weshalb Sie auf Entscheidungen warten müssen. Alles eilt, die Liefertermine drängen, die Kunden reklamieren, und das Tagesgeschäft beansprucht den Entscheider derart, daß er «einfach keine Zeit» hat, sich auch noch um Ihr Projekt zu kümmern. Die operative Hektik legt jede vernünftige Planung lahm. Der Entscheider ist permanent als Feuerwehrmann unterwegs, seinen Schreibtisch sieht er nur noch von ferne. Das ist ein ziemliches Problem.

Sie können dem Entscheider nicht den Unterschied zwischen dringend und wichtig erklären. Das würde dieser in den falschen Hals bekommen. Aber Sie können ihm, wie immer, die Konsequenzen aufzeigen. Wobei das ruhig mit etwas Nachdruck, also sanftem, wohltemperiertem Druck, erfolgen darf: «Es sieht nicht gut aus, wenn jeder auf dem Projektplan sieht, daß das Projekt hier im Bereich festhängt... Ist das nicht irgendwie vermeidbar?» Das ist recht deutlich und kanalisiert die Energie des Entscheiders gleich auf eine mögliche Lösung. Den Entscheider könnte außerdem motivieren, daß er für eine rechtzeitige Entscheidung sich jetzt zwar einige Minuten nehmen muß, dadurch aber später viele Stunden spart, wenn das Projekt eben nicht hoffnungslos verspätet gegen die Wand fährt und aufwendig gerettet werden muß.

Auf einen Blick: Die Entscheidungs-Arthrose

Gefahr:

Immer wenn Sie eine Entscheidung brauchen, ist niemand da, der sie treffen will/kann/darf. Sie zucken resigniert mit den Schultern, Ihr Projekt liegt auf Eis, und Sie müssen die Verspätung dann verantworten, obwohl Sie nichts dafür können.

☺ **Anti-Blockierer-Strategien (ABS):**

- Sagen Sie Ihrem Auftraggeber klipp und klar, wer welche Entscheidung aufhält und wie sich das Projekt dadurch verzögert. Sagen Sie es sachlich, ohne Anklage. Dokumentieren Sie Ihre Meldung.
- Suchen Sie Ersatzmänner: Wer kann die Entscheidung sonst noch treffen? Manchmal springt tatsächlich einer ein.
- Gleichen Sie die Abwesenheitszeiten der Mächtigen mit den Zeiten ab, in denen Sie Meilensteinentscheidungen erwarten. Veröffentlichen Sie die Urlaubszeiten im Projektplan. Drängen Sie auf eine Stellvertreterregelung.
- Erarbeiten Sie sich zäh und ausdauernd immer größere eigene Entscheidungsspielräume, damit Sie unabhängig von den Bremsern werden.
- Je besser Ihre Entscheidungsvorbereitung, desto weniger bremsen die Bremser. Also geben Sie Ihrem Entscheider alle relevanten Daten, und zwar in der Form von Alternativen, einschließlich deren Konsequenzen auf die vier Stellschrauben.
- Wenn Sie keinen Termin mit mehreren Beteiligten bekommen, regeln Sie die Entscheidung in Einzelgesprächen. Brauchen Sie das Meeting, dann stehen Sie jeden Tag im Sekretariat des Terminbremsers auf der Matte.

12 Der Tyrannosaurus-Effekt

Ein Mächtiger regiert hinein

Ein Projekt hat etwas äußerst Anziehendes an sich. Laufend kommen hohe Hierarchen und drücken Ihnen Zusatzaufgaben aufs Auge. Es wird hineinregiert. Ihr Auftraggeber oder ein anderer Topmanager setzt sich über die Projektvereinbarungen hinweg und will eine Extrawurst. Es soll noch billiger, noch schneller oder noch besser werden – oder alles auf einmal. Oft passiert auch, daß ein Topmanager Ihnen sagt: «Der Vorstand will das unbedingt haben.» Oder der Vorstand selbst ruft bei Ihnen an! Und was können Sie als einfacher Projektmanager schon gegen den großen Vorstand ausrichten?

Sie können ihm nicht sagen: «Also bitte, das geht nun wirklich nicht. Davon steht nichts in der Projektvereinbarung.» Aber Sie können ihm – Sie wissen es inzwischen – höflich, aber sachlich die Konsequenzen aufzeigen: «Noch eine neue Saugdüse bedeutet noch drei Tage Entwicklung. Ist das für alle akzeptabel?»

Auch der Vorstand ist nur ein Mensch. Er möchte viele Dinge, von denen er überzeugt ist. Wer würde nicht «oh» und «ah» rufen, wenn er einem BMW Z3 Roadster begegnet? Also halten Sie dem hohen Hierarchen das Preisschild vor. Dann relativiert sich die Begeisterung rasch. Wir wissen inzwischen: Topmanager sind Optimisten (s. Kapitel 10). Sie sehen zuerst nur den Nutzen. Die Kosten sehen sie nicht. Also zeigen Sie sie ihnen. Alles hat seinen Preis. Selbst der Vorstand ist über dieses eherne Gesetz der Marktwirtschaft nicht erhaben.

Haben Sie keine Angst vor hohen Tieren. Vielleicht reagiert der Hierarch etwas unwirsch, wenn Sie ihm die Konsequenzen seines Wunsches auf Q-T-K-P mitteilen. Denn natürlich hätte er's gerne kostenlos.

Aber diese kleine Irritation ist nichts im Vergleich zum Ärger, den Sie sich einhandeln, wenn aufgrund der Extrawurst des Hierarchen Ihr Projekt sechs Monate zu spät ankommt. Wer hineinregiert, muß auch die Verantwortung dafür übernehmen. Aber das kann er erst, wenn Sie ihm sagen, wie diese Verantwortung in Q-T-K-P aussieht. Akzeptiert der Hierarch die Kosten seines Hineinregierens, ändern Sie den Projektplan entsprechend und geben ihn an den Hierarchen, Ihren Auftraggeber und alle Beteiligten weiter.

Die häufigsten Formen des Hineinregierens sind übrigens

- das Abziehen von Mitarbeitern (P)
- das Abändern von Zielen (Q)

Es sollen beispielsweise neue Märkte, neue Zielgruppen oder neue Nutzen mit dem Projekt erschlossen werden. Das heißt, das Projekt muß der geänderten Strategie hinterherhoppeln. Das ist wichtig für Sie zu wissen. Denn die Hierarchen wollen weder eine Extrawurst braten noch Ihnen das Leben schwermachen. Es hat sich immerhin die Unternehmensstrategie geändert. Hinter dem Hineinregieren steckt also keine böse Willkür, sondern eine durchdachte Entscheidung. Wenn Sie das bedenken, fällt es Ihnen leichter, damit zurechtzukommen. Außerdem wissen Sie ja: Projekte müssen immer offenbleiben. Ein Einfrieren der Vorgaben rächt sich später um so schlimmer. Projekt ist permanente Veränderung. Das einzige, womit Sie rechnen können, ist, daß Sie mit nichts (langfristig und sicher) rechnen können.

Auf einen Blick: Der Tyrannosaurus-Effekt

Gefahr:

Dauernd verlangen hohe Hierarchen Extrawürste von Ihnen. Das Projekt verspätet sich deshalb und wird teurer, und Sie haben die Konsequenzen zu tragen.

☺ **Abhilfe:**

- Schlucken Sie nicht. Quittieren Sie die Extrawurst freudestrahlend: «Tolle Idee!» und
- zeigen Sie sofort die Konsequenzen in T, K und P auf: «Das kostet uns ungefähr eine Million und sechs Mann mehr.» Akzeptiert der Hierarch die Kosten seiner Extrawurst, gut. Tut er's nicht, ist die Wurst erledigt.

13 Die Sozialkompetenzfalle

Klären Sie die Erwartungen

Es gibt etwas, das Projektmanager auf der ganzen Welt verbindet: Schwimmen. Projektverläufe sind von einer so exorbitant hohen Unsicherheit, von bösen Überraschungen und unvorhergesehenen Katastrophen gekennzeichnet, daß selbst die Erfahrenen öfter mal ins Schwimmen kommen. Der Puls rast, der Schweiß steht auf der Stirn und man hat dieses flaue Gefühl in der Magengegend: «O Gott, was mache ich jetzt bloß?»

Was Sie ins Schwimmen bringt, ist nicht so sehr das Sachproblem an sich. Es ist der ungeheure Druck. Jeder erwartet von Ihnen, daß Sie die Lösung aller Probleme aus dem Hut zaubern, daß Sie sagen, wo's langgeht. Dabei wissen Sie das selbst nicht so genau. Das heißt, es gibt eine Diskrepanz zwischen den Erwartungen und den Tatsachen.

Erfahrene Projektmanager können mit dieser Diskrepanz umgehen. Sie wissen, daß sie Tatsachen akzeptieren müssen, Erwartungen nicht. Niemand muß das. Auch Sie nicht. Erfahrene Projektmanager lassen gleich zu Beginn eines Projektes die Luft aus den Erwartungen und nehmen den Druck weg. Sie sprechen die Erwartungen einfach ganz offen an: «Wir werden die kommenden zwei Jahre im Projektteam zusammenarbeiten. Deshalb möchte ich zu Beginn die Erwartungen ansprechen, die jeder von uns an das Projekt, an die Kollegen und an andere Beteiligte stellt.»

Diese kluge Eröffnung unterscheidet erfahrene von unerfahrenen Projektmanagern. Unerfahrene Projektmanager machen schon am ersten Projekttag den ersten Spatenstich. Sie legen sofort mit der Arbeit los. Das ist so, als ob Sie ohne zu packen auf einen sechswöchigen Urlaub gehen. Das kann nur schiefgehen. Die ersten Tage eines Projektes sind die kritischen Tage. Was Sie hier versäumen, bringt Sie nachher unweigerlich ins Schwimmen. Also nehmen Sie sich Zeit für ein Anti-Aquaplaning-Programm. Bei mehrjährigen Projekten nimmt das gut und gerne ein bis drei Tage in Anspruch.

Beginnen Sie mit der Klärung der Erwartungen. Meist müssen Sie ein bißchen bohren, bis die Kollegen ihre Erwartungen reflektieren und artikulieren. Aber dann kommt unweigerlich so etwas wie: «Ich erwarte schon, daß Sie uns sagen, wo's langgeht.» Dann erwidern Sie: «Ich werde ganz sicher zur Lösung von Problemen beitragen. Aber die Fachexperten sind Sie. Ich kann Ihnen nicht sagen, wie Sie ein fachliches Problem lösen müssen. Für alle Fachfragen sind Sie kompetent. Deshalb sind Sie für dieses Projekt ausgewählt worden. Ich kenne mich mit dem Wie, dem Prozeß, aus, und Sie kennen sich mit dem Was, den Inhalten, aus.»

Damit sind die irrealen Erwartungen relativiert. Die Erwartung, die Sie unter Druck setzte, ist entschärft. Wenn einzelne KollegInnen widersprechen: «Ich denke, Sie sind hier der große Guru!» dann wiederholen Sie ruhig und sachlich die Rollenverteilung, bis die KollegInnen sie begreifen. Das wirkt. Es wirkt manchmal nicht auf Dauer. Manchmal kommt mitten im Projekt diese unbestimmte Heilserwartung wieder hoch: «Ach, sagen Sie doch, was wir jetzt machen sollen!» In Krisen erwarten wir alle den Messias. Sie haben dann die Wahl. Sie können wählen, ob Sie die Messias-Rolle annehmen und sich selbst dadurch Druck machen, oder ob Sie Ihrem Team zur Selbständigkeit verhelfen.

Nehmen Sie die Retterrolle an, dann kommen Sie groß raus, wenn Ihre Lösung tatsächlich funktioniert. Aber bis dahin haben Sie Hochdruck. Lehnen Sie sie ab, verschwindet der Druck, und das Team besinnt sich auf seine eigene Fachkompetenz. Die Wahl liegt bei Ihnen. Sie ist nicht ganz leicht. Denn die Versuchung ist groß, die Retterrolle anzunehmen.

Woher kommt der Druck?

Viele Projektmanager machen sich selbst das Leben schwer, weil sie denken: «Alles hängt an mir.» Das ist verständlich aber nicht realistisch. Sie sollen das Projekt ins Ziel bringen, von Allwissenheit hat niemand etwas gesagt. Denken Sie immer daran: Druck ist kontraproduktiv, weil Druck verkrampft. Niemand erwartet von Ihnen, daß Sie allwissend sind und auf jede Frage eine Antwort haben. Also fragen Sie sich immer, woher der Druck kommt, den Sie erleben. «Ich muß das aber in den Griff bekommen!» Sagt wer? Hat er das wirklich gesagt? Oder denken Sie nur, daß «man» das von Ihnen erwartet? Dann wissen Sie ja, woher der Druck kommt. Sie machen ihn sich selbst.

Viele Projektmanager setzen sich mit ihrem väterlichen Naturell unter Druck. Sie springen als Problemlöser ein, sobald ein Sachproblem auftaucht. Leider erziehen sie damit ihre Leute zur Unselbständigkeit. Wenn die Leute bei Sachproblemen nicht selbständig denken müssen, verlernen sie es mit der Zeit. Die Soziologen nennen das erlernte Hilflosigkeit. Denken Sie daran: Sie bekommen die Projektmitglieder, die Sie sich erziehen. Wenn Sie ihnen das Denken abnehmen, dann erziehen Sie sie dazu, das Denken immer häufiger an Sie zu delegieren. Sie fühlen sich zwar immer gebraucht und unentbehrlich, kommen aber immer mehr unter Druck, verlieren immer mehr Zeit und schwimmen ständig. Wollen Sie das wirklich?

Sie können wählen. Wenn Sie den Druck loswerden wollen, dann erziehen Sie Ihre Leute zur Selbständigkeit. Sagen Sie: «Ihr seid die Fachleute für die Fachfragen. Ich bin der Fachmann für den Prozeß. Ich kann Euch vorschlagen, daß wir ein Problemlöse-Meeting machen. Aber die Problemlösung müßt Ihr als Fachleute aushandeln. Ich kann Euch dabei helfen. Die Lösung selbst muß aber von Euch kommen.» Zwar machen Ihre KollegInnen darauf zuerst große Augen, aber mit der Zeit sind sie Ihnen dafür dankbar. Und wie dankbar Sie selbst erst sein werden, wenn der Druck weg ist, den großen Hexenmeister zu spielen!

Viele Projektmanager setzen sich dadurch unter Druck, daß sie es unbewußt besser machen wollen als die Fachexperten. Sie meinen, mit dem Know-how der Experten mithalten zu müssen. Sie wollen besser entwickeln als der Entwickler, besser controllen als der Controller und besser fertigen als der Fertiger. Das ist ein großer Irrtum, der großen inneren Druck erzeugt. Seien Sie Realist! Sie sollen die Fachexperten nicht ersetzen, Sie sollen sie koordinieren! Sonst könnten Sie das ja alles selbst machen. Das leuchtet ein, doch ganz automatisch rutschen die meisten von uns im Meeting dann doch wieder in die Sachfragen hinein, anstatt sich auf das Managen des Prozesses zu konzentrieren. Für die Fachfragen sind die Fachleute zuständig! Schreiben Sie sich das auf einen Zettel und tragen Sie es ständig bei sich. Sagen Sie es sich so lange vor, bis es Ihnen ins Blut geht.

Wenn ein Entwickler sagt, daß der Ohmsche Widerstand zu hoch ist, dann sollen Sie ihm nicht beweisen, daß er sich irrt. Sie sollen lediglich nach den Kriterien seines Urteils fragen und erkennen, ob sein Urteil fundiert, plausibel und vertretbar ist. Sie sind nicht schuld, wenn der Entwickler sich irrt! Sie können nicht alles nachrechnen, was die Fachleute präsentieren. Also tun Sie's auch nicht. Niemand erwartet das. Im Gegenteil. Was meinen Sie, wie ärgerlich es für den Entwickler ist, wenn Sie seine Arbeit machen.

Sonderproblem: Fachleute sind nicht fachkundig

Manchmal hat es einen ganz konkreten Hintergrund, wenn Mitglieder Ihres Projektteams von Ihnen den großen Problemlöser erwarten. Die Mitglieder sind nicht ausreichend fachkundig. Natürlich wollten Sie für Ihr Projekt den besten Datenbankspezialisten. Den haben Sie aber nicht bekommen. Was Ihnen der Bereichsleiter geschickt hat, ist ein Newcomer, der sich ausgerechnet in Ihrem Projekt die ersten Sporen verdienen soll. Er schwimmt und hält sich krampfhaft an Ihnen fest. Was können Sie tun?

Ersatz anfordern? Vergessen Sie's. Das funktioniert selten. Den Newcomer bekamen Sie gerade deshalb, weil kein anderer verfügbar ist. Also was tun? Sie wissen es bereits: Die Konsequenzen aufzeigen. Wenn ein erfahrener Entwickler für seine Teilaufgabe drei Monate gebraucht hätte, dann veranschlagen Sie für den Newcomer beispielsweise sechs Monate, korrigieren den Projektplan und sorgen dafür, daß alle Beteiligten die Konsequenzen auch wahrnehmen. Dann sind Sie aus dem Schneider.

Vereinbaren Sie die Spielregeln

Sie werden ganz sicher ins Schwimmen kommen, wenn Entscheidungen gefällt werden müssen. Selten sind alle einer Meinung. Trotzdem muß eine Entscheidung her. Aber wie? Mit einfacher Mehrheit? Zweidrittel-, Dreiviertelmehrheit? Vereinbaren Sie das vorher mit Ihrem Team. Manchmal muß diese Regel mitten im Projekt geändert werden. Bei Meilensteinentscheidungen möchte das Team plötzlich eine Dreiviertelmehrheit, weil die bisher praktizierte einfache Mehrheit nicht mehr akzeptiert wird. Dann ändern Sie die Regel. Das erfordert immer ein bißchen Diskussion. Aber garantiert weniger, als wenn Sie ohne Regeln abstimmen.

Noch heftiger kommen Sie ins Schwimmen, wenn plötzlich jemand Ihre Teamsitzung sabotiert. Ein Kollege steht auf und sagt: «Mensch, laßt mich doch mit Eurem Teamgesülze in Ruhe. Wir reden und reden und es kommt nichts dabei raus.» Wie verhalten Sie sich? Sie schwimmen, weil Sie in den ersten Tagen des Projektes etwas versäumt haben. Nämlich die Spielregel für Einsiedler. Längst nicht alle Menschen arbeiten gerne im Team. Manche sitzen am liebsten stunden- und tagelang vor ihrem PC und arbeiten vor sich hin. Unter Menschen fühlen sie sich unwohl. Oft sind das die Kreativsten oder Fleißigsten.

Sprechen Sie also in der ersten Teamsitzung den Informationsweg an: «Wie wollt Ihr informiert werden? Und wie wollt Ihr die anderen informieren?» Einige werden sagen: «Wir machen Teamsitzungen und tauschen uns aus.» Andere werden sagen: «Gib mir klare Anweisungen, am besten schriftlich, dann kann ich loslegen.» Dann vereinbaren Sie gemeinsam die entsprechende Spielregel. Wer mit Meetings absolut nichts anfangen kann, braucht sie auch nicht zu besuchen. Er/sie sollte lediglich anwesend sein, wenn es hauptsächlich um seine/ihre konkrete Teilaufgabe geht. Ansonsten wird die Information im Zweiergespräch zwischen Projektmanager und «Einsiedler» ausgetauscht.

Vereinbaren Sie Gesprächsregeln

Die größte Verunsicherung werden Sie erleben, wenn es im Meeting wieder einmal hoch hergeht und Ihnen die Diskussion langsam, aber sicher entgleitet. Die Leute gehen verbal aufeinander los, drehen sich in fruchtlosen Machtspielen endlos im Kreis, und Sie sitzen hilflos dazwischen und wissen nicht, wie Sie dem tollen Treiben Einhalt gebieten können. Das liegt daran, daß Sie sich zu Beginn des Projektes zuwenig Zeit nahmen, einige Gesprächsregeln zu vereinbaren.

Denken Sie z. B. ans Fußballspiel. Ein Fußballspiel funktioniert nur mit Regeln. So ist das mit allen sozialen Systemen. Sie funktionieren nur mit Regeln. Mit ausgesprochenen («Leistung zählt») und unausgesprochenen («Beziehungen zählen»). Fragen Sie also in Ihrer ersten, klärenden Teamsitzung: «Wie wollen wir künftig miteinander umgehen? Welche Regeln wollen wir für den Umgang miteinander vereinbaren?» Wenn die Leute Sie dann verständnislos anschauen, dann helfen Sie ihnen mit einigen Beispielen auf die Sprünge: «Regeln könnten zum Beispiel sein: ‹ausreden lassen› oder ‹keine persönlichen Attacken›.»

Sie können die Vereinbarung der Gesprächsregeln mit der Kartentechnik managen. Verteilen Sie Karten. Jeder schreibt seine Regeln auf je eine Karte. Oder ein Schriftführer schreibt die Regeln auf Zuruf auf je eine Karte.

Ich betreute mal ein Team, das vereinbarte 27 Gesprächsregeln. Das Team hatte vorher extrem schlechte Erfahrungen mit Projektarbeit gemacht. Es gibt auch Teams, die kommen mit nur sieben Regeln aus. Also welche Anzahl ist sinnvoll? Jede. Wenn ein Team nur mit 27 Regeln arbeiten kann, dann soll es so sein. Natürlich pflegen Sie als guter Projektmanager während des Projektes die Regeln: «Moment mal, brauchen wir eigentlich noch Regel 23? Oder sollen wir sie streichen?»

Die sieben goldenen Gesprächsregeln

Es gibt einige Gesprächsregeln, die sind für ein Funktionieren von Teamsitzungen wesentlich, werden aber nicht immer von den Teams selbst entdeckt und genannt. Dann bringen Sie sie in die Runde, selbstverständlich erst, nachdem die Runde ihre Vorschläge gemacht hat:

1. Jeder ist für sich selbst verantwortlich. Eine fürs Projektmanagement äußerst wichtige Regel. Sie kennen ja die Kollegen, die bei Terminende sagen: «Ich bin nicht fertig, Ihr habt mir nämlich nie gesagt, ob der Krümmer verchromt werden soll.» Das kann einen zur Weißglut bringen. Deshalb die Regel 1. Auf die anderen schieben gilt nicht. Jeder ist selbst für alle Dinge und Informationen verantwortlich, die er für eine gute Arbeit braucht. Wenn jemandem gewisse Informationen fehlen, dann ist er dafür selbst verantwortlich. Er soll sie sich gefälligst holen und nicht tatenlos darauf warten, bis sie ihm in den Schoß fallen.

Die Regel gilt natürlich auch umgekehrt. Wenn einige Leute dem Kollegen vorwerfen: «Du, hör mal, das haben wir hier noch nie so gemacht» oder «Wir machen das immer ganz anders» oder «Bei uns wird das folgendermaßen gehandhabt», dann rudern Sie nicht länger. Verweisen Sie einfach auf Regel 1: Der Kollege ist für seine Arbeit selbst verantwortlich. Er braucht sich von niemandem reinreden zu lassen.

2. Jeder hat zu 100% subjektiv recht. Wie quälend und zeitraubend sind Ja-aber-Diskussionen:

«Die Passung stimmt nicht.»
«Ja, aber wir haben das extra feinvermessen.»
«Ja, aber der Simmerring hat dabei gefehlt.»
«Ja, aber der spielt doch gar keine Rolle.»

Früher fühlten Sie sich bei solchen Exzessen wie im Tollhaus und total verunsichert, wie Sie sich verhalten sollten. Heute verweisen Sie einfach auf Regel 2. Wenn der Kollege meint, daß die Passung nicht stimmt, dann hat er aus seiner Sicht – und erst einmal nur aus seiner Sicht – 100%ig recht. Sagen Sie: «Also versuchen wir doch, seine Sicht zu verstehen, vielleicht wird uns dann klar, weshalb für ihn die Passung Probleme macht.»

Damit ist klar: Überreden gilt nicht. «Stimmt doch gar nicht» ist unerlaubt. «Das machen wir anders» ist ein Regelverstoß. Mit dieser Regel können Sie sogar Hierarchen in den Griff bekommen. Wenn ein hochrangiger Manager «Der Chef hat immer recht» spielt und zehn

Minuten lang auf jeden Vorschlag «Ja, aber» einwendet, dann sagen Sie als gewiefter Projektmanager: «Moment mal, ich habe da ein Problem. Seit zehn Minuten höre ich nur ‹Ja, aber›. Heißt das, daß wir Regel 2 aufheben wollen?» Der Hierarch möchte sich zwar durchsetzen. Aber in den meisten Fällen wird er sich's überlegen, ob er sich dabei mit der gesamten Gruppe anlegen möchte. Und das tut er, wenn er die gemeinsame Regel aufhebt. Hierarchen sind meist nicht bösartig, Sie müssen sie nur hin und wieder an die Spielregeln erinnern. Was Sie tun können, wenn der Hierarch tatsächlich böse ist und auf die Spielregeln pfeift, lesen Sie weiter unten.

3. Jeder beachtet den Partner. Das heißt: Übers Maul fahren, Leute ignorieren, Feedback wegwischen, unterbrechen und runtermachen sind klare Regelverstöße. Ebenso ist es ein Regelverstoß, zu spät zu kommen und damit anderen die Zeit zu stehlen. Regel 3 bedeutet: Ich höre genau hin, wenn andere etwas zu sagen haben. Denn jeder im Team ist gleich wichtig. Was das für Ihre eigene Rolle heißt, lesen Sie in Kapitel 15, Die Fachexpertenfalle.

4. Störungen sofort klären. Damit vermeiden Sie ein Lieblingsspiel von einigen Teammitgliedern, das Sie bisher zur Weißglut brachte. Nach der Sitzung kommt einer zu Ihnen und sagt: «Also mit Punkt 3 bin ich nicht einverstanden.» Dann sagen Sie: «Bitte, wir haben vereinbart, Regel 4: Wenn Sie was stört, dann sagen Sie das sofort. Also merken Sie sich den Punkt, den können wir erst wieder im nächsten Meeting ansprechen.» Stumm dulden und runterschlucken gilt nicht. Alles muß auf den Tisch. Das kostet zwar Zeit. Aber weniger, als wenn einige nachkarten und den Betrieb mit ihren runtergeschluckten Vorbehalten aufhalten.

5. Jeder hat das Recht, Fehler zu machen. Das heißt, die stundenlangen Schuldzuweisungen und hitzigen Debatten, wer das denn nun wieder verbockt hat, sind ein klarer Regelverstoß. Einer hat einen Fehler gemacht. Ja und? Darf er nämlich. Wer ihm das vorhält, macht den eigentlichen Fehler. Diese Regel ist revolutionär. Sie beschleunigt Ihr Projekt ungemein. Denn nun muß keiner mehr zeitaufwendig seine Fehler verschleiern. Cover-your-ass-Taktik, nennen die Amerikaner das. Fehler können offen auf den Tisch kommen, dann sind sie im gleichen Atemzug auch schon wieder runter vom Tisch.

Die Regel ist deshalb auch revolutionär, weil Sie Ihnen den Riesendruck von der Schulter nimmt: «Auch Projektmanager dürfen Fehler machen!» Sie werden erleben, wie gut es tut, wenn Sie einmal ganz offen und ehrlich zu einem Fehler stehen. Die Gruppe geht dann in aller Regel nicht auf Sie los, sondern ist ganz erleichtert, daß Sie auch nur ein Mensch sind. Diese Gemeinschaft gibt vielen Projektmanagern Kraft und Stärke.

Die Regel ist deshalb auch revolutionär, weil sie im Restbetrieb wie Dynamit wirkt. Projektteams haben in der Regel keinerlei Probleme mit Regel 5. Alle sagen: «Wenn Fehler keine Schande sind, macht arbeiten wieder Spaß.» Aber im Restbetrieb, in dem diese Regel nicht gilt, gehen die Mitarbeiter auf die Barrikaden: «Die Leute in Team X dürfen Fehler machen. Warum wir nicht?» Diese kleine Regel hat schon manchen Betrieb in zwei Fronten gespalten. Gut so. Errare humanum est, Irren ist menschlich. Und außerdem ist es rentabler, Fehler zu beheben, anstatt sie zu vertuschen. Wenn es also wegen dieser Regel im Betrieb kracht, fein. Es ist ein konstruktiver Konflikt.

6. Jeder bereitet sich auf Meetings, Präsentationen und Einzelgespräche vor. Eigentlich selbstverständlich, nicht? Aber wie sieht die Realität aus? «Tut mir leid, hatte keine Zeit. Worüber reden wir heute noch mal?» Seien Sie nicht verunsichert, vereinbaren Sie Regel 6. Soziale Systeme funktionieren nur mit Regeln.

7. Vereinbarungen sind verbindlich. Noch so eine Selbstverständlichkeit. Doch tatsächlich halten sich einige nicht an die Vereinbarungen. Daher die Regel. Vereinbarungen gelten so lange, bis sie die Projektgruppe wieder aufhebt. Wenn jemand unwohl bei einer Vereinbarung ist, dann hat er ja Regel 4: Unbehagen sofort auf den Tisch.

Das sind die sieben Regeln der Gesprächskultur, die ein gutes Funktionieren Ihrer Teamsitzungen gewährleisten. Außerdem verhindern sie, daß Sie bei den üblichen Störungen ins Schwimmen kommen, weil Sie nicht wissen, wie Sie reagieren sollen.

Tip für Topmanager: Revolution!

Das «Schlimmste», was sich ein Topmanager wünschen kann, ist, daß sein Projektteam Erfolg hat. Erfolgreiche Teams haben nämlich Regeln, die sie erfolgreich machen. Und diese Regeln zerreißen den Restbetrieb. Denken Sie an die goldene fünfte Gesprächsregel: «Jeder darf Fehler machen.» Das macht das Projekt erfolgreich, weil es ungeheuer viel Zeit spart, die früher für Tarnen und Täuschen draufging. Der Linie kommt aber angesichts dieser Regel die Galle hoch, nicht? Deshalb ist Projektmanagement ein Trojanisches Pferd.

Topmanager wollen das Pferd, weil es schneller als die Linie ist. Wenn sie es dann bekommen, bekommen sie gleichzeitig Erfolgsregeln, die nicht mit dem Restbetrieb zusammenpassen. Unter anderem deshalb ist dieser auch langsamer als das Projektteam. Diese Sekundärwirkung von Projektmanagement ist den meisten Topmanagern nicht bewußt. Sie wird Ihnen von weniger guten externen Trainern und Beratern auch nicht auf die Nase gebunden werden. Die wollen nämlich Ihren Auftrag haben und nicht Ihre Skepsis wecken. Mit dieser Erkenntnis haben sie zwei Tips gewonnen:

- Ein gutes Team hat seine Kosten. Es reibt sich mit dem Restbetrieb. Wollen Sie die Kosten tragen?
- Ein guter Berater macht Sie auf die Sekundäreffekte von Projektmanagement aufmerksam. Wollen Sie gute Berater?

Es gibt tatsächlich Topmanager, die wollen Projektmanagement, aber ohne Sekundäreffekte. Die sagen zum Projektmanager oder zum externen Berater: «Ist ja schön, daß das Projekt on time ist, aber könnten wir nicht die eine oder andere Regel streichen? Die Leute in der Linie werden begehrlich.» Wasch mir den Pelz, aber mach mich nicht naß. Da erübrigt sich jede Diskussion, nicht?

Was tun, wenn einer die Regeln bricht?

Es gibt zwei Möglichkeiten, die Regeln zu brechen. Unabsichtlich und absichtlich. Unabsichtlich werden zu Beginn alle die Regeln brechen:

«Was soll das heißen, die Toleranz ist zu hoch? Ist doch Unfug!»

«Liebe Kollegin, wir haben doch vereinbart, daß jeder immer subjektiv recht hat. Wollen wir nicht herausfinden, warum der Kollege glaubt, die Toleranz sei zu hoch?»

«Oh, klar, Entschuldigung, ist mir so rausgerutscht.»

Regeln brauchen Übung. Es ist noch kein Meister vom Himmel gefallen. Also seien Sie ein geduldiger, aber hartnäckiger Erzieher Ihres Teams. Dulden Sie keine Regelverstöße, aber geben Sie den Leuten die Chance, es langsam zu lernen. Sie wissen ja, Regel 5 ... Und das gilt insbesondere für Lernprozesse. Aus Fehlern wird man klug.

Es gibt Regelverstöße, die liegen zwischen absichtlich und unabsichtlich. Öfters mal kommt einer zu spät oder hat sich nicht vorbereitet. Ein Team, das ich betreute, vereinbarte einfach: Wer zu spät kommt, zahlt fünf Mark in ein Team-Schweinderl. Das ergab nach einiger Zeit einen netten Umtrunk. Außerdem vereinbarte das Team: Wenn das öfter vorkommt, dann verläßt derjenige das Team. Das ist zwar drastisch, aber da alle für diese Regel stimmten, widersprach keiner. Regeln ohne Sanktionen sind zahnlose Tiger. Wie hart Sie bestrafen, kommt auf Ihren Spielraum an. Wenn Sie keinen Ersatz bekommen, ist ein Rausschmiß aus dem Team eine dumme Strafe.

Von ganz anderem Kaliber sind absichtliche Regelverstöße. Soziale Systeme funktionieren nur mit Regeln. Das heißt noch lange nicht, daß sich jeder daran hält. Ein Bereichsleiter in einem Team mit 25 Mitgliedern pfiff auf eine ganz bestimmte Regel. Er setzte sich einfach drüber weg. Er ließ sich auch nicht vom Projektleiter daran erinnern, daß Teamvereinbarungen verbindlich sind. Solche Manager machen Teams und Projekte kaputt. Daß danach die Teammitglieder Dienst nach Vorschrift machten, ist klar. Solchen Managern ist ihr kleinlicher Machterhalt wichtiger als der Erfolg des Projektes. Aber was können Sie tun?

Gefrustet Dienst nach Vorschrift zu machen und nun selbst alle Regeln über Bord zu werfen ist die spontane und verständliche Reaktion. Sie werden sehen: Damit werden Sie nicht glücklich. Ohne Regeln klappt nämlich überhaupt nichts mehr. Da hilft nur eines. Sie müssen den Regelbrecher ausgrenzen. Sagen Sie: «Was Herr X macht, ist seine Sache. Wir haben uns die Regeln gegeben und wir halten uns daran, bis wir sie wieder aufheben.» Wenn Sie Ihren Worten Taten folgen lassen und die Regeln unbeirrt vorleben, dann hat das höchste Motivationswirkung auf Ihre Truppe. Die größten Erfolge erzielen regelmäßig die Teams, die im Feuer von außen zusammengeschweißt werden. Wobei «von außen» häufig die Unternehmensspitze bedeutet.

Checkliste: Auftakt-Meeting

Erwartungen klären: Projektmanager löst Prozeßprobleme, Fachexperten die Sachprobleme.	❑
Entscheidungsregel vereinbaren: einfache oder qualifizierte Mehrheit?	❑
Informationswege vereinbaren: Wer will Meeting, wer will Einzelgespräch?	❑
Gesprächsregeln vereinbaren	❑
Sanktionen für Regelverstöße vereinbaren	❑

Präsentationen

Präsentationen sind die Veranstaltungen, die allein zu dem Zweck erfunden zu sein scheinen, Projektmanager zum Schwimmen zu bringen. Das ist wie in Vorstellungsgesprächen. Man sitzt und schwitzt. Aber genau wie bei Vorstellungsgesprächen gibt es eine höchst einfache und wirksame Abhilfe: Wenn Sie die Fragen Ihres Gegenübers kennen, ist alles nur noch halb so schlimm. Die häufigsten Fragen sind:

«Wie läuft das Projekt? Berichten Sie mal», fragt Ihr Auftraggeber nicht aus heiterem Himmel. Wenn alles im grünen Bereich läuft, dann interessiert sich im allgemeinen kein Mensch für das Projekt. Erst wenn es Verzögerungen gibt, werden Sie zum Rapport zitiert. Also lautet die nächste Frage, mit der Sie rechnen können:

«Warum wurde der Zwischentermin nicht gehalten?» Das Dümmste, was Sie darauf tun können, ist, um den heißen Brei herumzureden. Damit provozieren Sie Ihren Auftraggeber nur. Sagen Sie klipp und klar, was die Gründe waren. Sachlich, ohne jemand zu beschuldigen oder etwas zu rechtfertigen. Also nicht:

«Die Fertigung hat die CNC-Bänke nicht eingerichtet, aber woher konnten wir auch wissen, daß ...» Sondern:
«Das Einrichten der CNC-Bänke hat zehn Tage länger gedauert als projektiert, weil die Materialhärten nicht konform waren.»
Wessen Schuld das war, interessiert Sie in diesem Augenblick nicht. Sie erzählen hier nur die Gründe. Kühl und sachlich wie ein Arzt. Vielleicht mag Ihr Auftraggeber Ihre Antworten nicht. Aber er mag noch viel mehr nicht, wenn Sie um den Brei herumreden.

«Wie geht's weiter?» ist die nächste Frage. Was Ihr Auftraggeber damit meint ist: «Kann der Endtermin noch gehalten werden? Und mit welchen möglichen Rettungsmaßnahmen? Was wird das kosten? Welche zusätzlichen Ressourcen benötigen wir dazu?» Geben Sie ihm die Antworten. Aber hüten Sie sich davor, einsame Entscheidungen zu treffen. Ihr Gegenüber merkt recht schnell, wenn Sie Ihre Antworten nicht mit Ihrem Team abgesprochen haben. Also tun Sie's vorher. Sie kennen ja die Fragen, mit denen Sie rechnen können.

«Was ist Ihre Meinung dazu?» Mit dieser Frage will Ihr Auftraggeber wissen, welche der Möglichkeiten zur Terminrettung, die Sie eben skizziert haben, Sie präferieren und warum. Auch diese Empfehlung müssen Sie vorher mit Ihrem Team diskutieren. Und noch ein Tip zum Schluß. Am heftigsten werden Sie ins Schwimmen kommen, wenn Sie aus der Präsentation rausgehen, ohne einen entscheidenden Satz gesagt zu haben: «Wir brauchen Ihre Entscheidung in den nächsten x Tagen.» Geben Sie Ihrem Auftraggeber konkrete Schritte, die er entscheiden sollte. Das hilft ihm, die Sache nicht auf die lange Bank zu schieben und Sie in der Luft hängen zu lassen.

In der Höhle des Löwen

Ein weiterer, häufiger Schwimmanlaß für Projektmanager ist der Besuch bei einem mächtigen Bereichsleiter. Beispielsweise weil sein Bereich einen bestimmten Termin nicht halten kann. Das bringt Sie in eine mißliche Lage: Wie ziehen Sie den mächtigen Mann zur Rechenschaft? Der Mann flößt Ihnen immerhin einen Heidenrespekt ein. Aber trotzdem müssen Sie Ihre Sache vertreten. Begehen Sie keinen Karriereselbstmord, indem Sie sagen: «Ich muß dringend mal mit Ihnen darüber reden, daß Ihr Bereich um drei Wochen hinterherhinkt.» Das will keiner hören. Gehen Sie taktisch klug vor. Vorwürfe bringen nichts. Klüger ist es, gemeinsame Beschlüsse anzuführen: «Wir haben damals vereinbart, daß wir Ihren Bereich für drei Monate in Anspruch nehmen. Jetzt sind wir zu zwei Dritteln durch und es ist absehbar, daß wir den Termin nicht halten können. Wie könnten wir es trotzdem noch schaffen?»

Das ist klug. Es vermeidet jeden Vorwurf, der nur in einer sinnlosen Eskalation münden würde. Es fokussiert das Gespräch sofort auf eine mögliche Lösung. Trotzdem kann es vorkommen, daß der Bereichsleiter brüllt: «Was soll das heißen? Natürlich können wir den Termin halten. Was reden Sie da für Unfug!» Lassen Sie sich nicht provozieren. Bleiben Sie sachlich und führen Sie das Gespräch geduldig immer wieder auf den Lösungsweg zurück. Bringen Sie geschickt Ihre Auftraggeber ins Spiel: «Der Vorstand wird von mir wissen wollen, wie's weitergeht. Was können wir ihm anbieten?» Außerdem kennen Sie bestimmt die Standardeinwände des Bereichsleiters. Bereiten Sie sich auf diese vor, bevor Sie ins Gespräch gehen.

Wenn Sie den Bereichsleiter geschickt immer wieder auf einen Lösungsweg zurückführen, dann finden Sie meist eine Lösung. Wenn der Bereichsleiter aber trotzdem nicht mit sich sprechen läßt und Sie rauswirft, dann stehen Sie wenigstens gut vor Ihrem Auftraggeber da: Sie haben alles getan, was möglich war.

Es kracht richtig: das Konfrontations-Meeting

Selbst erfahrene Projektmanager kommen ins Schleudern, wenn es mal richtig kracht im Team. Obwohl alle wichtigen Regeln vereinbart sind, gehen die Leute aufeinander los. Sie sitzen hilflos dazwischen und schwimmen. Sollen Sie den Streit aussitzen und einfach warten, bis die Gemüter sich wieder beruhigt haben? Oder sollen Sie mutig intervenieren? Aber wie? Die Leute wollen sich einfach nicht mehr an die Regeln halten.

Schauen Sie zunächst genau hin: Wie viele Leute streiten da? Sind es wenige, so daß Sie den Konflikt in Zweiergesprächen klären können? Oder sind es so viele, daß Sie ein Konfrontations-Meeting veranstalten müssen? Falls letzteres der Fall ist, treten Sie auf die Bremse und sagen: «Moment mal, hört mal alle her. Wir stoppen alles andere und reden jetzt nur über diesen einen strittigen Punkt.» Um die wildgewordenen Pferde wieder einzufangen, vereinbaren Sie die Regeln für das Konfrontations-Meeting:

1. Jede Partei legt ihren Standpunkt dar.
2. Jede Partei durchleuchtet den dargelegten Standpunkt der anderen: Was können wir übernehmen, was nicht?
3. Alle überlegen: Wo könnte eine mögliche Einigung liegen?

Wenn das Problem ein Sachproblem ist, kommen Sie so mit ein bißchen Geduld und Übung zu einer Lösung, mit der alle leben können.

O Schreck, ein Querulant im Team

Querulanten im Team bringen selbst hartgesottene Projektmanager ins Schwimmen. Da stellt sich laufend einer quer, macht freche Bemerkungen, mosert ständig herum oder macht schlicht Arbeitsverweigerung. Was können Sie tun?

Ignorieren Sie das Verhalten auf keinen Fall, weil Sie hoffen, daß sich das irgendwie von alleine wieder geradebiegt. Das tut es in der Regel nicht. Reden Sie statt dessen mit dem Menschen – unter vier Augen natürlich. Bringen Sie in Erfahrung, warum er sich in die innere Emigration begeben hat. Aber sagen Sie nicht: «Ich habe den Eindruck, daß Sie in letzter Zeit nicht mehr mit voller Kraft dabei sind.» Das kann der Quertreiber nämlich rundweg abstreiten. Gehen Sie wie immer lösungsorientiert vor: «Was kann ich tun, damit Sie wieder motiviert dabei sind?» Dann sprudelt der Betroffene meist seinen ganzen Frust heraus. Oft erleichtert allein das schon. Aber auf jeden Fall können Sie darauf eine Lösung aufbauen. Gemeinsam natürlich.

Warum Projektmanager schwimmen

Sie haben jetzt die häufigsten Anlässe gesehen, die Projektmanager ins Schwimmen bringen. Die Gründe hinter den Anlässen, die Projektmanager ins Schwimmen bringen, sind vielfältig:

1. Es fehlt die Methodik. Die meisten Projektmanager sind eben nicht in Dingen wie der Kartentechnik oder dem Konfrontations-Meeting geschult. Auch hier gilt: Wenn Ihr Unternehmen Sie nicht schult, dann ist Qualifikation offensichtlich Holschuld.
2. Es fehlt Sozialkompetenz. Viele Projektmanager haben die Technik, aber Technik allein genügt nicht. Die Leute merken recht schnell, wenn Sie nur Technik abspulen. Überzeugen können Sie erst, wenn Sie die eigenen Regeln anwenden, vorleben und sich daran halten. Die Leute merken auch schnell, wenn die Technik, die Sie verwenden, nicht zu Ihnen paßt. Das wirkt unglaubwürdig. Die Technik muß zu Ihrem Stil passen. Das ist keine Sache von Augenblicken. Den eigenen Stil bei einer bestimmten Technik zu finden, kostet Zeit und Übung (on the job, nicht trocken). Aber es macht auch viel Spaß. Sie lernen dabei viel über sich und ihre Arbeit.
3. Es fehlt Zivilcourage. Zivilcourage brauchen Sie, wenn Sie einem ungeliebten Bereichsleiter gegenübertreten oder ein chaotisches Meeting ordnen. Dazu braucht man ein gefestigtes Selbstbild, das Selbstvertrauen gibt. Nur wer in sich sicher ist, kann mit sicherer Hand handeln. Auch dieser Prozeß der Persönlichkeitsentwicklung braucht Zeit und Pflege.
4. Es fehlt an Reflexionsfähigkeit. Es gibt Projektmanager, die machen denselben Fehler tagein, tagaus. Sie lernen nicht aus ihren Fehlern. Das ist nichts Ungewöhnliches. Es kostet bewußte Gedankenanstrengung, sich nach Meetings, Präsentationen oder Gesprächen zu fragen:

- Was lief gerade gut?
- Was lief nicht so gut?
- Was werde ich beim nächsten Mal besser oder anders machen?

Wie gesagt, all das braucht Zeit und Übung. Aber es macht auch Spaß. Es ist noch kein Projektmanager vom Himmel gefallen.

Auf einen Blick: Die Sozialkompetenzfalle

Gefahr:

Projekte werden nicht durch Sachprobleme aufgehalten, sondern durch menschliche Probleme. Wenn Sie nicht über eine gehörige Portion Sozialkompetenz verfügen, wird Sie der Störfaktor Mensch heftig zum Schwimmen bringen.

☺ **Abhilfe:**

- Nehmen Sie gleich zu Beginn des Projektes den Druck raus, der Sie ins Schwimmen bringt: «Ich bin kein Wunderheiler – die Fachleute sind Sie!»
- Vereinbaren Sie Spielregeln, bevor es zu bösen Fouls kommt: Wie soll
  - ❑ abgestimmt
  - ❑ informiert
  - ❑ miteinander geredet (z.B. mit den sieben goldenen Regeln) werden?
- Präsentationen: Wer die Fragen der Mächtigen kennt, schwimmt nicht. Die Fragen lassen sich prognostizieren.
- Gespräche mit hohen Tieren: keine Vorwürfe, sachliche Diagnose und immer wieder auf den Lösungsweg zurück.
- Wenn es richtig kracht und Sie total schwimmen, dann brechen Sie alles ab und veranstalten Sie: das Konfrontations-Meeting.
- Wenn ein Quertreiber Sie ins Schwimmen bringt: Unter vier Augen freireden lassen und auf den Lösungsweg coachen.

14 Die Parkplatzfalle

Ein Unbequemer wird geparkt

Vielleicht haben Sie manchmal den Eindruck, daß ein Bereichsleiter Ihr Projekt abschießen will. Da vereinbaren Sie beim Kick-off-Meeting, daß Sie den besten Mann des Bereichs bekommen. Und was schickt der Bereichsleiter Ihnen? Vielleicht den besten Mann, wenn es darum geht, sich in den Projektsitzungen auszuschweigen und permanent drei Tage hinter dem Zeitplan herzuhinken. Hat der Bereichsleiter Sie hereingelegt? Bestimmt nicht, auch wenn Sie das im ersten Augenblick argwöhnen. Der Bereichsleiter hat lediglich einen «Unbequemen» in Ihrem Projekt geparkt. Dafür kann er viele Gründe haben:

- Der Bereichsleiter möchte den Unbequemen loshaben.
- Er betreibt Personalentwicklung: «Vielleicht bekommt er im Projekt den richtigen Schliff.»
- Er kann seinen besten Mann nicht entbehren.
- Sein bester Mann ist schon mit anderen Projekten überlastet.
- Ihr Projekt stößt beim Bereichsleiter nicht auf Gegenliebe.

Der beste Grund, nicht den besten Mann zu schicken, liegt jedoch im Anforderungsprofil für ein Projektteam-Mitglied. Ein Teamkollege sollte

- fachkompetent sein
- mitdenken, mitreden, mitarbeiten
- engagiert und konstruktiv sein
- teamfähig sein.

Wenn man als Bereichsleiter das seltene Glück hat, einen Mitarbeiter mit solchen Qualifikationen zu haben, dann schickt man ihn nicht ins Projekt. Man behält ihn in der Linie.

Es ist also durchaus vernünftig für den Bereichsleiter, einen Unbequemen in Ihrem Projekt zu parken. Fair ist es nicht. Denn vereinbart war etwas anderes. Also tappen Sie nicht in die Optimismusfalle. Glück für Sie, wenn Sie den besten Mann bekommen. Aber rechnen Sie damit, daß Sie ihn nicht bekommen, und puffern Sie vor. Möglicherweise wollen Sie aber überhaupt nicht den besten Mann des Bereichs.

Der beste Mann der Linie muß nicht der beste fürs Projekt sein. Im Projekt zählen Teamfähigkeit und Engagement genausoviel wie Fachkompetenz. Fachkompetenz kann man relativ schnell aufholen. Teamkompetenz und Engagement nicht. Also schauen Sie sich sehr genau an, wen Sie aufgrund welchen Profils für Ihr Projekt anfordern. Möglicherweise ist der geparkte Unbequeme ein Glücksfall für Sie. Der Mann ist so kreativ, daß er einfach nicht in die durchregulierte Linie paßt. Also ist beiden gedient: der Linie und dem Projekt. Was aber können Sie tun, wenn der Geparkte tatsächlich «nichts taugt»?

Das Dornröschen-Syndrom: Küssen Sie mal!

In der Linie gibt es etliche frustrierte Mitarbeiter. Und bevor ein Bereichsleiter seinen besten Mann schickt, schickt er Ihnen einen innerlich Emigrierten. Diesen kann er eher entbehren. Zuerst merken Sie das nicht. Der Geparkte sagt, wenn die Einzelaufgaben verteilt werden, immer fleißig: «Mache ich, kein Problem.» Aber mit der Zeit merken Sie, daß er seine Versprechungen nicht einhalten kann oder möchte. Da stimmt etwas nicht, denken Sie sich. Vertrauen Sie Ihrem Instinkt.

Die erste Versuchung bei der Parkplatzfalle ist nämlich, sich zu denken: «Ach, das wird schon wieder. Der berappelt sich.» Wenn es tatsächlich ein Emigrant ist, tut er das nicht. Nicht von alleine. Denken Sie an unsere ehernen Projektregel: Immer alles auf den Tisch. Sprechen Sie mit dem Kollegen. Das kostet zwar Überwindung. Doch es ist allemal angenehmer, als wenn der Emigrant das ganze Projekt ausbremst.

Die zweite Versuchung ist, den Geparkten gehörig zur Sau zu

machen: «Sie Flasche, Sie kriegen ja absolut nichts auf die Reihe!» Das ist wenig hilfreich. Entweder er geht noch stärker in die innere Emigration oder schlägt verbal zurück oder er sabotiert das Projekt heimlich. In allen Fällen ein Eigentor für Sie. Denn sehr oft leiden die Geparkten am Dornröschen-Syndrom. Sie sind nicht untauglich, sie sind lediglich blockiert. Wenn Sie sie wachküssen, können Geparkte zu hervorragenden Teamkollegen werden. Also gehen Sie behutsam vor: «Mir fiel auf, daß Sie in der letzten Teamsitzung ziemlich schweigsam waren. Kann ich etwas tun, damit Sie mit mehr Freude dabei sind?» Das ist kein Vorwurf, sondern ein geschicktes Angebot zur Problemlösung.

Manchmal müssen Sie Ihre ganze Sozialkompetenz spielen lassen. Aber meist nimmt der Kollege das Gesprächsangebot nach einigen Wiederholungen an und schüttet sein Herz aus. Und meist ist das, was ihn blockiert, eine Fehlattribution: «Ich fühle mich einfach nicht wohl. Diese dauernden Terminvorgaben sind doch Unsinn. Jedesmal, wenn ich auf Termin fertig bin, findet jemand irgendein Haar in der Suppe. Aber mir sagt ja vorher keiner, wie er's denn haben will!» Diese Äußerung läßt zwei Schlüsse zu. Entweder der Kollege hat recht oder er hat unrecht.

Der Kollege hat recht

Wenn der Kollege recht hat, dann stimmt etwas an Ihrem Führungsverhalten nicht. Sie delegieren nicht richtig. Sie vereinbaren unklare Teilziele und maßregeln die Leute am Termin dann, wenn sie nicht das liefern, was Sie gemeint, aber nicht gesagt haben. Ist das der Fall, dann ist die Rückmeldung des blockierten Kollegen ein nützlicher Hinweis. Sie bekommen die Chance, Ihr Führungsverhalten zu korrigieren.

Das wird insbesondere dann schwierig, wenn die ganze Unternehmenskultur auf ungenauen Zielvorgaben basiert: Alle machen es so. Deshalb fällt es nicht auf, wenn auch Sie so führen. Wenigstens nicht sofort. Wenn Ihr Projekt sich verzögert, weil die falsche Delegation Ihre Teammitglieder verwirrt und demotiviert, fällt es schon auf. Erfahrene Projektmanager gehen diesen Kulturkonflikt übrigens bewußt ein. Sie führen partizipativ und zielorientiert und setzen sich damit in Widerspruch zur Unternehmenskultur, die direktiv und hektisch führt. Ihre Teammitglieder gehen morgens pfeifend durchs Firmentor und ziehen sich allenthalben den Neid der KollegInnen und den Argwohn der Manager zu.

Der Kollege hat unrecht

Anders liegt der Fall, wenn Sie tatsächlich richtig delegieren. Warum behauptet dann der blockierte Kollege das Gegenteil? Weil er unbewußt seine Erfahrung aus der Linie aufs Projekt überträgt. In der Linie hat man ihm unklare Ziele gegeben, dann wird das im Projekt nicht anders sein. Oft ist eine verzerrte Wahrnehmung der Wirklichkeit stärker als «die Wirklichkeit» selbst. Weil der Kollege *erwartet,* daß alle Ziele unklar sind, sieht er immer nur die Unklarheiten an den Zielen.

Sie können ihm jetzt nicht sagen: «Sie irren sich. Meine Ziele sind klar.» Das wird er Ihnen nicht glauben. Denn das sagt sein Bereichsleiter auch. Verba docent, exempla trahunt, sagt der Lateiner: Ein Beispiel ist besser als tausend Worte. Also sprechen Sie eine konkrete Zielvorgabe der jüngsten Vergangenheit an und lassen Sie sich erklären, was daran unklar ist. In neun von zehn Fällen sagt der Kollege mitten in der Erklärung: «Äh, das ist jetzt komisch, wenn ich's mir so anschaue, ist das Ziel eigentlich völlig klar. Ich weiß nicht, weshalb ich das nicht gleich gesehen habe.» Sie jedoch wissen es. Der Kollege hat einfach die Blockade der Linie auf Ihr Projekt übertragen.

Gehen Sie in dieser Schrittfolge vor: Konkretes Beispiel ansprechen – darüber reden – die verzerrte Wahrnehmung der Realität reflektieren und korrigieren lassen. Was halten Sie davon? Nun, einerseits leuchtet das Vorgehen ein. Andererseits wissen Sie genau, daß Sie das so nicht machen werden.

Das Problem mit dem Dornröschen-Kuß

Wenn Sie einen innerlich Emigrierten in Ihrem Projekt entdecken, dann denken Sie zuerst: «Oh Gott, nicht auch noch das!» Sie haben genug zu tun, das Projekt am Laufen zu halten und «nebenher» Ihre Linienarbeit durchzubringen. Weil sich vom Weggucken aber kein Problem löst, spitzt sich der latente Konflikt irgendwann zu, und Sie lesen dem Emigranten gehörig die Leviten. Kurz: Sie ignorieren Ihre 25 Prozent Führungsaufwand.

Es ist nicht klug für einen Projektmanager, einem Emigranten die Leviten zu lesen. Deshalb ist der Emigrant ja emigriert: weil in der Linie mit eiserner Faust geführt wird. Das mag in der Linie funktionieren. Im Projekt führt es auf direktem Weg gegen die Hauswand. Die 25 Prozent Führungsaufwand im Projekt kommen gerade auch daher, daß man die Emigranten ins Boot zurückgeholt. Deshalb steigt der Führungsaufwand in vielen Unternehmen bis auf 40 Prozent: Die Linie ist voll von Emigrierten.

Das ist nicht unbedingt schlimm. Erfahrene Projektmanager sehen darin ihre Chance und nutzen sie. Gerade in Unternehmen mit direktiver Linienkultur schlagen sich die Linienleute um Projektjobs bei erfahrenen Projektmanagern, weil sie wissen: Hier kann man endlich mit Freiraum und Selbstverantwortung arbeiten. Leider können Sie in diesem Punkt sehr genau den Unterschied zwischen erfahrenen und weniger erfahrenen Projektmanagern erkennen.

Erfahrene Projektmanager schaffen es, aus Emigranten Engagierte zu machen. Unerfahrene Projektmanager schaffen es nicht. Und obwohl im Projekt eigentlich alles recht komplex ist, hat dieses Versagen einen ziemlich einfachen Grund. Schauen Sie sich dazu folgende zwei Versuche an, einen Emigranten zurückzuholen:

«Menschenskind Meier, stellen Sie sich nicht so an. Da haben Sie doch schon ganz andere Dinge hinbekommen. Also reißen Sie sich zusammen!»

«Herr Meier, ich habe den Eindruck, daß Sie mit dem Fortgang des Projekts nicht so zufrieden sind. Was stört Sie denn gerade am meisten?»

Welcher Versuch hat Ihrer Meinung nach die größeren Chancen, den Emigranten zurückzuholen? Natürlich der zweite. Denn der erste dirigiert von oben herab. So funktioniert das Gespräch nicht.

One up, one down

Unerfahrene Projektmanager kommunizieren: «Ich bin was Besseres.» So holt man niemand aus dem Exil zurück. Denn damit kopiert man genau das Verhalten des Linienvorgesetzten, das den Emigranten ins Exil trieb. Watzlawick nennt diese Art des Gesprächs «One up, one down». Ein Partner versucht, sich auf eine höhere und den anderen auf eine niedrigere Position zu bringen.

Erfahrene Projektmanager bringen es meisterhaft fertig, auf einer partnerschaftlichen, gleichberechtigten Ebene zu sprechen und auch den Gesprächspartner auf diese Ebene zu bringen. Sie fühlen sich nicht als etwas Besseres. Und diese Einstellung kommuniziert sich besser als alle Worte. Deshalb sind viele Projektmanager so unglaubwürdig. Sie haben die Technik «voll drauf» – aber die falsche Einstellung. Die Teammitglieder fühlen sich manipuliert.

Sicher haben Sie sich auch schon ertappt, wie Sie von oben herab dirigiert haben. Sind Sie deshalb ein böser Manipulator? Gewiß nicht. Sie sind nur in die Projektleiterfalle getappt. In dem Moment, als Sie den Projektauftrag bekamen, schnappte die Falle zu. Vielleicht sagte Ihr Auftraggeber sogar: «Das ist Ihr Projekt. Sie sind mein Mann.» Das heißt: Sie sind was Besseres. Dieses Gefühl hat sich ganz unbemerkt bei Ihnen eingeschlichen. Außerdem wird es täglich unbewußt verstärkt. Denn tatsächlich *sind* Sie ja fürs Projekt verantwortlich. Wenn was schiefläuft, rollt *Ihr* Kopf. Also engagieren Sie sich voll. Sie überengagieren sich sogar. Und vom Überengagement zum Hineinregieren ist es nur ein kleiner Schritt:

- Sie regieren rein.
- Sie reden von oben herab.
- Ganz unbewußt und ohne böse Absicht.

Kommen Sie runter

Wenn Sie one up, one down spielen, kriegen Sie die Emigranten nie ins Boot. Sie treiben damit sogar die bislang Engagierten ins Exil. Weil Sie führen wie ein Linienvorgesetzter. Der Projektmanager ist aber kein Linienvorgesetzter. Er hat eben nicht dessen Weisungs- und Disziplinarbefugnis. Er ist nicht vorgesetzt, er ist primus inter pares. Erster unter Gleichen. Mit der Betonung auf «gleich». Aber da Sie Ihr Linienleben lang von oben herab führten oder diese Art Führung erlebten, ist das wie ein Reflex. Eine schlechte Angewohnheit, die Sie nicht mit einem guten Vorsatz und über Nacht loswerden. Old habits die hard: Schlechte Gewohnheiten verliert man nicht einfach so. Man muß sie aktiv entlernen. Das kostet etwas Aufwand. Doch der Ertrag lohnt sich. Außerdem macht es Spaß:

1. Nosce te ipsum, steht auf dem Apollo-Tempel in Delphi: Erkenne Dich selbst. Machen Sie sich bewußt, was Sie bislang unbewußt praktizierten. Ohne Selbstwahrnehmung gibt es kein Selbstbewußtsein. Fragen Sie sich:

- Wie gehe ich mit meinen Leuten um?
- Eher partnerschaftlich oder eher direktiv?
- Spiele ich one up, one down?
- Hat mir das vielleicht schon jemand versteckt angedeutet?

Feedback ist wichtig. Ihre Leute geben es ständig. Sie müssen nur hinhören. Wenn Ihre Leute auffällig still sind, ist dies das lauteste Feedback: Sie führen von oben herab. Die Leute sind eingeschüchtert.

2. Einsicht ist der erste Schritt zur Besserung. Sagen Sie sich:

- So will ich nicht mehr führen.
- Ich will ab sofort anders kommunizieren.
- Ich stelle mich menschlich auf eine Stufe mit meinen Leuten.

3. Ändern Sie Ihr Verhalten. Das ist der spannendste Teil der Übung. Deshalb wollen wir ihn uns genauer ansehen.

Einige One-up-Killerphrasen

Irgendwann kommt immer der Punkt, an dem einem unerfahrenen Projektmanager der Zirkusdirektor durchrutscht. Es gibt da einige Standardphrasen:

«Meins ist besser.» Ex- oder implizit läßt der unerfahrene Projektmanager durchblicken: «Diese Variante halte ich für die bessere.» Und schon sind die Leute eingeschnappt. Ein erfahrener Kollege kann sich beherrschen: «Was halten Sie von dieser Variante? Was spricht dafür? Was dagegen?»

«Ich bin hier der Leiter.» Haben Sie schon mal bemerkt, daß viele Leute sagen, sie seien «Projektleiter»? Bei der Bundeswehr gibt es den «Leitenden». Das ist derjenige, der den Arm hebt und brüllt: «Alles hört auf mein Kommando!» Deshalb ist die Bundeswehr nicht unbedingt für ihre hochmotivierten Mitarbeiter bekannt. In diesem Buch haben Sie nie den Begriff «Projektleiter» gesehen. Weil er geradezu synonym mit one up, one down ist. Einer leitet, alle anderen folgen. Selbst wenn es nicht ausgesprochen wird, schwingt es implizit mit: «Also, diesen Teilschritt schließen wir zum 12.8. ab.» Punktum, basta, der Leiter hat gesprochen. Ein Projektmanager würde sagen: «Welcher Termin ist realistisch? Welcher optimistisch? Welcher pessimistisch?»

«Es wird gemacht, was ich sage.» Das hört sich dann ganz unschuldig so an: «Wir machen das so, und dies machen wir so und das machen wir so. Noch Fragen?»

Es gibt noch viele solcher Killerphrasen. Sicher fallen Ihnen einige ein. Spätestens morgen, wenn Ihnen wieder eine durchrutscht. Es läuft immer wieder auf diese eine Formulierung hinaus: «Ich bin verantwortlich für das Projekt. Aber Sie sind die Fachexperten. Was schlagen Sie vor?» Das ist Gesprächsführung auf einer partnerschaftlichen Ebene. Aber seien Sie nicht ungeduldig mit sich. Veränderung braucht Zeit. Doch Sie werden erleben, wie Motivation und Engagement in Ihrem Team steigen, wenn Sie sich zurücknehmen und die Leute selbstverantwortlich arbeiten lassen.

Auf einen Blick: Die Parkplatzfalle

Gefahr:

Sie wollen den besten Mann für Ihr Projekt, der Bereichsleiter parkt aber einen Unbequemen bei Ihnen, der Ihr Projekt aufhält.

☺ **Abhilfe:**

- Prüfen Sie: Ist der Geparkte wirklich untauglich oder a blessing in disguise – eine getarnte Wohltat? Nicht die Fachkompetentesten sind die besten Projektarbeiter, sondern die Teamkompetenten.
- Ist der Geparkte echt unmöglich, küssen Sie ihn wach. Er ist nicht inkompetent, sondern lediglich blockiert. Machen Sie aus einem Emigrierten einen Engagierten.
- Spielen Sie auf keinen Fall one up, one down. Man kann Emigranten nicht von oben herab zu Engagement bewegen.

15 Die Fachexpertenfalle

Die gefährlichste Falle überhaupt

Für gewöhnlich bekommen die besten Fachexperten die Projektmanagerjobs. Niemand kennt sich so gut in ihrem Fachgebiet aus wie sie. Sie sagen allen, wo's langgeht, und wundern sich dann, weshalb die Teamkollegen so passiv sind. In meinen Seminaren frage ich diese Projektmanager gerne: «Wenn Sie eh alles besser wissen, wozu brauchen Sie dann überhaupt ein Team?» Bisher wußte noch keiner eine passende Antwort. Die Leute gucken verdutzt. Dann beginnt es zu dämmern. Sie sind in die Fachexpertenfalle getappt.

Das ist die gefährlichste Falle überhaupt. Weil sie automatisch zuschnappt. Sobald man den besten Fachexperten zum Projektmanager macht, schnappt sie zu. Denn der Mensch weiß ja wirklich mehr als alle anderen. Er ist wirklich der große Marketingguru. Und wenn er seinem Team erzählt, wie die Einführungskampagne des neuen Produkts aussehen soll, dann sind alle wirklich froh, daß ihnen einer sagt, wo's langgeht. Wenn der große Marketingguru aber mit derselben Selbstverständlichkeit erzählt, wie das mit der Auslieferung funktioniert, dann ist zumindest das Teammitglied aus der Logistik stinksauer: «Der Marketinghirsch hat doch keine Ahnung von Logistik!» Das ist zwar übertrieben. Der Projektmanager hat schon etwas Ahnung davon. Auf deutsch: Halbwissen. Und das ist gefährlich. Aber das bemerkt der Projektmanager nicht. Er tappt in die Fachexpertenfalle.

Ist Ihnen das auch schon passiert? Wie können Sie vermeiden, daß das wieder passiert? Ganz einfach: Schuster, bleib bei deinen Leisten. Wenn Sie Fachexperte sind, dann bleiben Sie in Ihrem Fach. In anderen Fächern lassen Sie die anderen Fachexperten reden. Wenn

IhnenVorschläge der anderen Fachexperten nicht einleuchten, können Sie sie diskutieren. Aber nicht one up, one down (s. Kapitel 14).

Vermeiden Sie die Fachexpertenfalle

Die Fachexpertenfalle ist deshalb so gefährlich, weil sich Ihr Logistikkollege vielleicht nur innerlich an die Stirn tippt. Aber er schweigt. Also wird Ihr Halbwissen in die Tat umgesetzt und führt unweigerlich zur Katastrophe in der Auslieferung. Natürlich wäre es besser, wenn der Kollege den Mund aufmachen würde. Aber das tut er nicht. Weil Sie ja unbewußt den großen Projektleiter herauskehren. Also machen Sie sich das unbewußte Spiel bewußt:

1. Wie nehmen mich die Leute wahr?
2. Wo bin ich kompetent und wo das Team?
3. Wo rede also ich und wo halte ich mich besser raus?

Tip für Topmanager: Setzen Sie aufs Greenhorn!

Der Teamchef, den Benetton für die Formel 1 einsetzte, war kein Fachexperte. Er kam aus der Bekleidungsbranche. Von Formel-1-Autos wußte er lediglich, daß sie vier Räder haben. Trotzdem wurde Michael Schumacher zweimal mit Benetton Weltmeister. Trotzdem? Gerade deswegen. Das Team wurde das beste im Formel-1-Zirkus. Weil der Projektmanager die Teamkompetenz nutzte und nicht mit seiner eigenen Fachexpertenkompetenz glattbügelte. Der Projektmanager tappte nicht in die Fachexpertenfalle, weil er kein Fachexperte war.

Wenn Sie die wirklich erfolgreichen Projekte der Weltgeschichte betrachten, werden Sie feststellen, daß viele von ihnen von absoluten Greenhorns geführt wurden. Das ist vor allem bei Neulandprojekten so, die die Technologie erst noch erfinden müssen, die sie vermarkten wollen. Unerfahrene Projektmanager versuchen dann, sich in die Materie einzulesen und einzuarbeiten, verlieren so wertvolle Zeit und scheitern oder werden von der Konkurrenz überholt: weil sie das Fachwissen ihres Teams ignorieren. Erfahrene Projektmanager stellen sich vor ihr Team hin und sagen: «Leute, ich habe keine Ahnung von supraleitfähigen Extended Memories. Aber Ihr. Also seid Ihr die Fachexperten. Aber ich werde Euch unbequeme Fragen stellen.»

Also überlegen Sie sich gut, wem Sie Ihr Projekt geben. Einem, der alles besser weiß, oder einem, der die Kompetenz des Teams nutzt. Das heißt nicht, daß Sie einen Projektmanager wählen sollen, der absolut keine fachliche Ahnung hat. Es heißt lediglich, daß Fachwissen im Projekt sekundär ist. Die Schlüsselkompetenz für einen Projektmanager ist nicht Fachwissen, sondern Führungskompetenz. Denken Sie daran bei der Auswahl Ihres nächsten Projektmanagers.

Auf einen Blick: Die Fachexpertenfalle

Gefahr:

Sie kennen sich aus in Ihrem Fachgebiet. Also sagen Sie Ihren Teammitgliedern, wo's langgeht. Dann wundern Sie sich über Passivität im Team und Terminverzögerungen.

☺ **Abhilfe:**

- Bleiben Sie bei Ihren Leisten. Glänzen Sie in Ihrem Fachgebiet, aber hören Sie in anderen Gebieten auf Ihre Teammitglieder.
- Wenn diese Unsinn erzählen, dann bügeln Sie sie nicht von oben herab glatt, sondern hinterfragen Sie partizipativ: «Was könnte das bedeuten? Wie zuverlässig ist die Meßzahl?»

16 Die Querulantenfalle

Ein großer Mann hat Angst

Ein Bereichsleiter kann Ihnen auf verschiedene Arten in die Quere kommen. Indem er z. B. einen unbequemen Mitarbeiter in Ihrem Projekt parkt. Oder indem er in seinem Bereich der Linienarbeit Vorrang vor Ihrem Projekt gibt. Das eine haben wir in Kapitel 14 eingehend durchleuchtet. Das andere können Sie mit etwas Überzeugungskunst und Hartnäckigkeit bewältigen. Schwieriger wird es, wenn der Bereichsleiter nicht nur Kapazität für Ihr Projekt zur Verfügung stellen muß, sondern sein Bereich selbst Gegenstand Ihres Projektes ist. Das ist bei allen Veränderungs- oder Reorganisationsprojekten der Fall.

Nehmen wir an, das Ziel Ihres Projektes lautet, bestimmte Prozesse zu beschleunigen, die Auftragsabwicklung umzuorganisieren oder den Auftragsdurchlauf durch bestimmte Bereiche zu optimieren. Dann kann der Bereichsleiter zum Quertreiber werden. Denn plötzlich befindet sich sein Bereich auf dem Prüfstand. Das ist ihm unangenehm, weshalb er poltert: «Seit 20 Jahren stehe ich dem Bereich vor, und jetzt kommen Sie Grünschnabel und wollen mir erzählen, wie ich meine Arbeit zu machen habe?»

Es ist klar, daß der Bereichsleiter Angst vor Ihrem Projekt hat. Er kooperiert nicht. Er mauert. Und Sie und Ihr Projektteam sitzen da und überlegen:

- Wie sprechen wir den mächtigen Bereichsleiter an?
- Wie kriegen wir ihn dazu, daß er überhaupt sitzen bleibt und unsere Fragen anhört?
- Und wie kriegen wir ihn dazu, daß er sie offen und ehrlich beantwortet?

Nicht zu empfehlen: der Bypass

Sie sind nun stark versucht, den Quertreiber einfach kalt zu bypassen und die benötigten Informationen von den Mitarbeitern in seinem Bereich zu holen. Wozu den quertreibenden Bereichsleiter fragen, wenn man die Information auch ganz bequem bei den Mitarbeitern holen kann? Die Antwort lautet: weil Sie damit ein Eigentor schießen. Denn erstens haben die Mitarbeiter meist nur Detaildaten, den großen Überblick hat nur der Bereichsleiter. Aber selbst wenn die Daten der Mitarbeiter gut sind – wie wollen Sie das Projekt nachher umsetzen, wenn der Bereichsleiter schmollend in der Ecke sitzt?

Keine Frage, bequemer ist es, nicht in die Höhle des Löwen zu gehen und sich das unangenehme Gespräch einfach zu sparen. Aber hinterher wird es noch viel unangenehmer, wenn Ihr Projekt nicht läuft, weil der Bereichsleiter es nicht mitträgt. Ihre Aufgabe ist nicht, ein tolles Projektpapier zu basteln, sondern die Projektempfehlung umzusetzen. Oder? Also, wie holen Sie den quertreibenden Bereichsleiter doch noch ins Boot?

Fallbeispiel: der alte Haudegen

Vor einiger Zeit war ich bei einem Reorganisationsprojekt in einer großen deutschen Versicherung dabei. Das Ziel war, die Effizienz der Prozesse, vor allem in der Schadensbearbeitung, zu steigern. Dazu mußten wir uns natürlich den Bereich Schadensbearbeitung genau anschauen. Diesem Bereich stand aber ein Bereichsleiter vor, der schon von weitem signalisierte: «Wenn ihr mir vorschreiben wollt, wie ich meinen Bereich zu führen habe, dann sucht euch einen anderen Dummen.» Das ist ein verbreitetes Phänomen.

Reinhard K. Sprenger sagte mal: «Das einzige Wesen, das den Wandel liebt, ist ein nasses Baby.» Wenn es um den eigenen Bereich geht, winken die Bereichsleiter meist dankend ab: «Ich bringe hier 70 Prozent vom Firmenumsatz, und ihr wollt mir sagen, wie ich in der Zukunft zu arbeiten habe?» Das hat nicht nur etwas mit der Ängstlichkeit der Bereichsleiter zu tun. In vielen Unternehmen herrscht eine ausgesprochen veränderungsfeindliche Kultur. Wer sich ändern muß, hat wohl einen Fehler gemacht. Wem der Vorstand ein Reorganisationsprojekt an den Hals hetzt, der muß wohl etwas falsch gemacht haben. Das ist pervers: Wandel wird zum Schuldeingeständnis. Deshalb ändert sich in deutschen Unternehmen so wenig. Dazu kommt noch, daß es Bereichsleiter gibt, die wirklich etwas schwierig sind.

In unserem Versicherungsbeispiel hatte der Bereichsleiter auch allen Grund dazu. In der Vergangenheit hatte es schon einige Projekte gegeben, die von unerfahrenen Projektmanagern geführt wurden. Diese hatten sich tatsächlich um das unangenehme Gespräch mit dem Bereichsleiter herumgemogelt und ihre Vorschläge direkt an den Vorstand weitergegeben. Dieser wiederum knallte sie dem Bereichsleiter von oben auf den Tisch nach dem Motto: «Schau her, so mußt du deine Leute führen.» Das ist natürlich schlechter Stil. Der Bereichsleiter faßte das zu Recht als Dolchstoß auf und mauerte entschlossen. Die Projekte scheiterten alle in der Umsetzung.

Nun gibt es Unternehmen, denen ist ein tolles Projektpapier wichtiger als zwei realisierte Projekte. Ich setze mal voraus, daß dies nicht Ihre Vorstellung von guter Projektarbeit ist. Ein Projekt, das sein angepeiltes Ergebnis nicht erreichen kann, ist ein ziemlich fragwürdiges Unterfangen. Außerdem macht es Ihnen als Projektmanager auch keinen Spaß. Wofür arbeiten Sie denn, wenn das Ding nachher nicht läuft? Also sitzen Sie nicht im stillen Kämmerlein und brüten eine einsame Entscheidung aus, die nachher von allen Betroffenen torpediert wird, sondern sprechen Sie mit den Leuten. Sie kennen das Prozedere inzwischen.

Rauchen Sie die Friedenspfeife

Die größte Angst quertreibender Bereichsleiter ist, daß Sie ihnen den Marsch blasen. Das ist natürlich Unfug, aber das müssen Sie dem Bereichsleiter erst einmal sagen; nach dem üblichen Muster:

1. Ich bin hier nur der Prozeßexperte. Der Fachexperte sind Sie.
2. Deshalb sind wir ja hier, um Sie und keinen anderen zu fragen.

3. Wir möchten von Ihnen einen Überblick über Ihre Aufgaben und deren Gewichtung bekommen.
4. Danach möchten wir von Ihnen wissen: Wo sehen Sie Verbesserungspotentiale?

Natürlich kann es Bereichsleiter geben, die selbst auf dieses Angebot der Friedenspfeife das Kriegsbeil schwingen. Aber die Regel ist es nicht. In der Regel reagiert der Bereichsleiter so, wie der Bereichsleiter aus unserem Versicherungsbeispiel. Er guckte verdutzt und sagte dann: «Endlich werde ich mal gefragt, wie das in meinem Bereich so abläuft. Vorher hat man mir immer nur gesagt, wie ich das zu machen habe. Und durch die Darstellung der Aufgaben sehe ich jetzt auch, wie das hier abläuft und wo die Schwachstellen liegen.»

Alle hatten uns vor dem «schwierigen» Bereichsleiter gewarnt und gesagt: «Faßt den Mann um Gottes willen mit Samthandschuhen an. Der schmeißt euch sonst die Brocken hin.» Also hatten wir vereinbart, daß spätestens um 16 Uhr Schluß mit dem Informationsgespräch sein sollte. Um 18 Uhr redete der Bereichsleiter noch immer. Die Kollegen im Projektteam lagen schon alle ermattet in den Seilen, da brachte der Bereichsleiter immer noch neue Verbesserungsvorschläge. Als wir am späten Abend endlich aus dem Raum gingen, rieben sich alle verwundert die Augen und sagten: «So haben wir den Bereichsleiter noch nie kennengelernt. Der weiß ja echt was.» Man muß ihn nur danach fragen.

Holen Sie sich Akzeptanz

Sie sehen daran auch, daß sich hinter der Abwehrhaltung der Bereichsleiter oft ein überwältigendes Bedürfnis nach Aussprache versteckt. Die Bereichsleiter sind ja nicht dumm. Sie sehen recht wohl, daß in ihrem Bereich nicht alles nach Rosenwasser duftet. Aber niemand redet mit ihnen! Alle schreiben ihnen immer nur vor, wie sie es zu machen hätten! Das heißt, ein quertreibender Bereichsleiter kann Ihnen durchaus dankbar für die Denkhilfe sein, die Sie ihm geben. Und in vielen Unternehmen sind kleine Projektmanager, die zuhören können, bei den großen Bereichsleitern gern gesehene Gäste. Man muß nur die Schwellenangst überwinden – das kostet allerdings etwas Courage – und zuhören können. Das funktioniert aber nur, wenn Sie nicht von oben herab in das Gespräch hineingehen und den großen Ausputzer spielen. Sie sollen den Bereichsleiter nicht plattmachen, sondern ihn zur Kooperation bewegen.

Wie viele Projekte gibt es, die genau das versäumen? Wie oft werden tolle Projektpapiere vorgelegt, die keinerlei Akzeptanz in den Bereichen haben? Ein super Projektpapier kann jeder schreiben. Der Trick liegt darin, die Leute dazu zu bewegen, es mitzutragen. Das ist das große Manko der meisten Projekte. Die Sachaufgaben werden mit Bravour gelöst, die Prozeßaufgaben verschlafen. Die Leute werden von irgendeinem gutgemeinten, aber hochtrabenden Projektpapier überrollt und stellen sich dann natürlich auf die Hinterbeine.

In unserem Versicherungsbeispiel wollten wir genau das vermeiden und setzten jeden Monat einmal eine zweistündige Info-Veranstaltung an. Jeder, der wollte, konnte daran teilnehmen. Oft waren bis zu hundert Personen aus allen Bereichen im Saal. Das zeigt, daß die Leute sich interessieren, daß sie einbezogen werden wollen. Nun gibt es viele Unternehmen, die ihre Mitarbeiter regelmäßig über die Projektfortschritte unterrichten. Aber meist ist das eine Einbahnstraße. Einer redet, alle hören zu. Man erreicht damit höchstens passive Duldung. Aktives Engagement erreicht man so nicht.

Deshalb verteilten wir bei jeder Info-Veranstaltung Fragebögen mit den Fragen:

1. Wie zufrieden waren Sie mit der Veranstaltung?
2. Was blieb bei Ihnen hängen?
3. Was wurde nicht so klar?
4. Was sollte nächstes Mal anders laufen?

Bei der Auswertung der Bögen tränten uns die Augen. Wir hatten schlichtweg an den Leuten vorbeigeredet. «Fach-Chinesisch», «unverständlich», «Experten-Latein» stand auf den Zetteln. Außerdem tauchten Fragen auf, an die wir nicht im Traum gedacht hätten.

Fangen Sie die Ängste auf

Zur Erinnerung: Es ging darum, die Prozeßabläufe zu beschleunigen. Die Leute hatten darauf wilde Befürchtungen:

- Wird mein Arbeitsplatz gestrichen?
- Bekomme ich weniger Geld?
- Muß ich total umlernen?

Von einer Veranstaltung zur nächsten tasteten wir uns über das Feedback auf den Bögen immer näher an die Fragen, die Sprache und die Ängste der Leute heran. Das Projekt wurde voll umgesetzt. Und zwar ohne nennenswerte Widerstände von verängstigten Mitarbeitern oder quertreibenden Bereichsleitern. Das ist selten. Denn normalerweise kommen Wandel und Widerstand im Doppelpack wie Pech und Schwefel. Nicht das Sachproblem, sondern die Akzeptanz ist der Engpaßfaktor des Wandels. Aber das sehen nur wenige Projektmanager und noch weniger Unternehmen.

Erst wenn die Ängste berücksichtigt und alle Betroffenen zu Beteiligten gemacht werden, läuft das Projekt. Dazu reicht es oft schon aus, wenn man auf die Leute zugeht – womit sich die Hierarchen unendlich schwertun –, sie in verständlicher Sprache informiert und ihnen Gelegenheit zur Aussprache gibt. Aber gerade diese weichen Faktoren werden meist schlecht gemanagt. Bei Veränderungsprojekten, bei anderen Projekten und im Linienalltag sowieso.

Die weichen Faktoren

Diese sogenannten weichen Faktoren kosten Zeit und Geld. Sie müssen Maßnahmen wie die Info-Veranstaltungen oben planen, konzeptionieren, durchführen und auswerten. Das heißt, Sie haben Arbeitspakete in Ihrem Projekt, bei denen Sachleistungen erbracht werden müssen. Und Sie haben Arbeitspakete, die die weichen Faktoren pflegen. Diese werden in der Regel vernachlässigt, weil man nur auf die Sachaufgabe schaut. Das Projektteam entwirft eine neue Software, und wie die Leute damit zurechtkommen, ist Sache der Leute. Daß das eine das andere bedingt – für diese Einsicht muß man systemisch denken können, über einen gesunden Menschenverstand oder viel Erfahrung verfügen. Das beste Projektpapier ist Papiermüll, wenn die Leute nicht mitspielen. Und die Leute spielen nicht auf Befehl mit. Das hat man jedoch lange geglaubt. Manche glauben es heute noch. Chef befiehl, wir folgen – eine verbreitete Machtillusion unter Managern.

In der Regel ist es so, daß die Projektmanager recht wohl die weichen Engpaßfaktoren sehen. Weil sie dichter an der Basis des Wandels arbeiten. Sie setzen Info-Veranstaltungen an, die von den Topmanagern dann angefeindet werden: «Das kostet doch nur unnötig Zeit und Geld! Das muß doch auch ohne gehen.» Tip an Projektmanager: Bleiben Sie freundlich, aber konsequent. Sie sind der Prozeßexperte.

Nichts bekommt man zum Nulltarif. Wer Akzeptanz will, muß mit internem PR-Aufwand bezahlen. Denn sonst haben Sie ein Projektergebnis, das keiner trägt. Solche Projektruinen gibt es allenthalben genug.

Tip für Topmanager: Soft Factors pflegen!

Es ist auch für Sie als Topmanager und Auftraggeber peinlich, wenn Ihr ehrgeiziges Projektpapier floppt, weil es auf Widerstand stößt. Sie haben ein super Projektergebnis, und keiner will es haben. Denken Sie mal an die Riesen-Ressourcenverschwendung! Und die hohen Opportunitätskosten! Was hätten Sie in der Projektzeit mit dem Projektteam alles machen können! Und alles nur, weil Sie den Aufwand für die weichen Faktoren für entbehrlich hielten. Solche Fehler sind vermeidbar.

Auch der Bereichsleiter hat Angst

Nicht nur die Mitarbeiter, auch der Bereichsleiter hat Angst. Er befürchtet:

- Das Projekt will die Prozesse beschleunigen, heißt das, daß Leute aus meinem Bereich entlassen werden sollen?
- Sollen meine Kompetenzen beschnitten werden?

- Erleide ich einen Statusverlust?
- Verliere ich Einfluß und Macht?

In vielen Unternehmen werden die Bereichsleiter ja immer noch nach der Anzahl ihrer Mitarbeiter bezahlt. Und wenn sie nicht danach bezahlt werden, dann werden sie danach angesehen. Wenn Ihr Projekt also 200 Personen streichen will, dann ist das eine Prestigebedrohung für den Bereichsleiter. Wenn Ihr Projekt das aber nicht will, dann beseitigen Sie schleunigst die Befürchtungen des Bereichsleiters. Sprechen Sie seine Ängste an.

Noch besser ist es, wenn Sie nicht nur die Ängste beseitigen, sondern den Bereichsleiter auch noch motivieren können. Daß der Bereichsleiter keinen Statusverlust erleiden wird, wird ihn zwar beruhigen. Zum aktiven Förderer Ihres Projektes macht es ihn aber nicht. Erfahrene Projektmanager wissen, wie man die Ängste der Bereichsleiter in Motivatoren umpolt: «Ich brauche Sie wohl kaum darauf aufmerksam machen, daß sich Ihr Bereich mit diesem Projekt entscheidend profilieren kann. Das Projekt wird von Vorstandsmitglied X protegiert, und gerade in Ihrem Bereich könnten Sie viele Optimierungsreserven mobilisieren. Stellen Sie sich vor, wie gut Sie dastehen, wenn Ihr Bereich zu denen mit der höchsten Verbesserungsquote gehört, ja wenn Sie vielleicht sogar Spitzenreiter werden.»

Wenn der Bereichsleiter auf Statussymbole anspringt, dann haben Sie damit einen neuen Förderer Ihres Projektes gewonnen. Das müssen Sie sich mal vorstellen! Ein kleiner Projektmanager motiviert den großen Bereichsleiter! Das ist ein ziemlicher Hammer. Viele Projektmanager fürchten sich vor den gigantischen Dimensionen dieser Aufgabe. Andere finden es gerade reizvoll und spannend, den Spieß umzudrehen und nach oben zu führen. Auch Sie können das. Es ist nur die Frage, ob Sie es schaffen, über Ihren Schatten zu springen und dem großen Bereichsleiter auf einer partnerschaftlichen Ebene zu begegnen.

Tips für Topmanager: Veränderungsprojekte

Für Veränderungsprojekte sollten Sie als Topmanager und Auftraggeber keinen «normalen» Projektmanager wählen. Um quertreibende Bereichsleiter zu motivieren, brauchen Sie einen Projektmanager, der aus seiner Rolle ausbrechen kann. Jahrelang wurde der Mann *von* oben geführt, und jetzt soll er plötzlich *nach* oben führen. Ein braver Linienarbeiter ist dafür denkbar schlecht geeignet.

Das gilt insbesondere dann, wenn Sie schon bei Projektvergabe wissen, daß unter den Betroffenen ein ganz bestimmter, notorisch quertreibender Bereichsleiter ist. Sie können Ihren Projektmanager natürlich auch ins Messer laufen lassen. Aber letztendlich trifft das über den Projektflop wieder Sie. Also suchen Sie einen Projektmanager mit Führungs- und Methodenkompetenz aus. Jaja, ich weiß, so einen Projektmanager müssen Sie erst einmal finden. Aber wer keinen sucht, findet auch keinen.

Außerdem braucht Ihr Projektmanager Kompetenz in Arbeits- und Visualisierungstechniken. Der Bereichsleiter soll ja schließlich sagen: «Endlich verstehe ich, was die Leute dauernd von mir wollen.» Das kann er aber nicht, wenn der Projektmanager die systemischen Sachverhalte im betreffenden Bereich nicht klar und verständlich visualisieren kann. In einer Präsentation, bei der ich unter den Zuschauern saß, hatte der Projektmanager einen elaborierten Netzplan an die Wand geworfen. Der kritische Weg war in Dunkelgrün koloriert, die Verzögerungen in Hellgrün. Nachdem der Projektmanager fast eine Stunde geredet hatte, fragte ein Bereichsleiter schließlich ungeduldig: «Und was heißt das jetzt alles? Wie groß ist die Verzögerung?» Der Projektmanager meinte: «Na, das sieht man doch: drei Wochen.» Der Bereichsleiter sprang auf und fing an zu brüllen, denn genau das konnte man nicht sehen.

Und noch ein wichtiger Tip. Denken Sie immer daran: Die schnelle Lösung ist nicht die tragfähige Lösung. Eine Lösung, die von allen mitgetragen wird, ist besser als eine schnelle Lösung, die in eine Breitseite Torpedos läuft. Also drängen Sie nicht auf die schnelle Lösung. Das ist natürlich auch eine Frage davon, wie gut es Ihnen gelingt, dies nach oben zu kommunizieren. Denn die Leute ganz oben wollen ja häufig alles «vorgestern, bitte». Da ist Überzeugungsarbeit nötig. Mit der Betonung auf Arbeit.

Lehnen Sie sich auf keinen Fall rein, wenn Sie den Eindruck haben, das Projekt vertrödelt seine Zeit mit unnützen Veranstaltungen: «Kommt endlich zu Potte, was trödelt ihr so lange?» Es ist nicht immer leicht, die Nerven zu behalten. Und manchmal trödeln die Leute ja wirklich. Aber wenn das Projekt sich nur ausreichend Zeit nimmt, alle Betroffenen zu Beteiligten zu machen und Sie dann mit der Faust dazwischenschlagen, dann können Sie Ihrem Projekt schon mal Lebewohl sagen.

Auf einen Blick: Die Querulantenfalle

💣 **Gefahr:**

Ein Bereichsleiter sabotiert Ihr Projekt, weil er Angst davor hat.

☺ **Abhilfe:**

- Bypassen Sie ihn auf keinen Fall. Sie können zwar ohne ihn planen, aber nicht realisieren. Wollen Sie nur ein wertloses Planungspapier oder den Projekterfolg?
- Reden Sie mit dem Bereichsleiter:
- ❑ Rauchen Sie die Friedenspfeife.
- ❑ Lassen Sie ihn die Verbesserungspotentiale aufzeigen.
- ❑ Gehen Sie auf seine Ängste ein.
- ❑ Zeigen Sie ihm, wie er vom Projekt profitiert: Das motiviert ihn!
- ❑ Vereinbaren Sie die Projektmaßnahmen gemeinsam, dann trägt er sie auch mit.

17 Die Werkzeugfalle

Ein Mittelständler verkalkuliert sich

Ein mittelständisches Unternehmen will Nägel mit Köpfen machen und kauft sich für 150 000 DM Hard- und Software für sein Projektmanagement. Mehrere PCs werden vernetzt, mit der nötigen Peripherie versehen und in einem eigenen Raum untergebracht, damit die Projektmanager der verschiedenen Projekte ungestört planen und steuern können. Nach einem Jahr stellt ein neugieriger Entscheider zwei Fragen:

a) Wer hat die Dinger während des Jahres eigentlich benutzt?
b) Um wieviel sind die Projekte dadurch besser geworden?

Nach einigem Hin und Her lauten die Antworten auf beide Fragen:

a) Ganze drei Personen, wobei zwei davon nur auf dem PC spielten.
b) An den 40 Projekten, für die das PC-Werkzeug teuer beschafft wurde, ist keine Verbesserung festzustellen. Warum? Siehe a)

Der Mittelständler hat also 150 000 DM zum Fenster rausgeworfen. Warum? Weil die Entscheider glaubten: «Wir kaufen jetzt ein tolles Tool, dann laufen die Projekte besser.» Ein beliebter Irrtum. Wer so denkt, tappt in die Werkzeugfalle. Nicht das Werkzeug liefert die Ideen und Steuerungsimpulse für die Projekte, sondern das Projektteam.

Ein Konzern verkalkuliert sich

Ein großer deutscher Konzern möchte die Personalkapazitäten von 130 Personen steuern, die sich ausschließlich mit Projekten befassen. Was die Topentscheider interessiert, sind Antworten auf zwei Fragen:

a) Wer arbeitet an welchen und wie vielen Projekten?

b) Welche Effekte auf die vier Stellschrauben eines Projektes hat es, wenn man Kapazitäten für ein neues Projekte abzieht?

Für die Auswahl des geeigneten EDV-Werkzeuges wird extra eine Projektgruppe gebildet. Diese sucht aus zwölf zur Auswahl stehenden Tools eines aus. Frage a) ist schnell beantwortet. Man muß lediglich alle Projektteilnehmer allen Projekten zuordnen. Die Mehrfachzuordnungen werden dann automatisch sichtbar. Für Frage b) muß man zuerst einmal ausrechnen, wie lange jedes Projekt läuft, um zu erfahren, um wieviel es länger läuft, wenn Kapazitäten abgezogen werden. Genau dabei tut sich aber die Werkzeugfalle auf.

Denn sobald das Werkzeug über die Dauer der einzelnen Arbeitspakete auf die Projektgesamtdauer hochrechnen soll, will das Tool erstens wissen, wie viele Stunden die Arbeitspakete benötigen, und zweitens, wie viele Stunden am Tag jedes Projektmitglied am Projekt arbeitet. Üblicherweise geht man dabei von der 40:60-Regel aus: 40 Prozent der Arbeitszeit gehen für Störungen, Telefonate, Hilfsaktionen und informelle Besprechungen drauf. Für die eigentliche Arbeit bleiben in der Regel 60 Prozent der Zeit übrig. Das ist eine durchschnittliche Schätzung. Es gibt Leute, die kommen erst nach Büroschluß zu ihrer eigentlichen Arbeit. Da ist das Verhältnis natürlich ungünstiger.

Durchschnittlich bleiben also ungefähr fünf Stunden netto pro Tag für die Projektarbeit. Die Projektgruppe gibt diesen Parameter ein, das Werkzeug rechnet über die Arbeitspakete hoch und der Geschäftsleitung verschlägt es den Atem, als sie das Ergebnis sieht: Sämtliche Projektdauern erhöhen sich um ein sattes Viertel der bislang veranschlagten Zeit. Was ist passiert?

Ein geradezu biblisches Ereignis hat sich zugetragen: «Sie taten die Augen auf und erkannten, daß sie nackt waren.» Offensichtlich waren die Projektdauern bislang geschönt worden. Man hatte einfach mit unrealistischen, ja unehrlichen Zahlen gerechnet. Das war möglicherweise durchaus unbewußt geschehen. Und genauso unbewußt brachte es das Tool ans Tageslicht. Das Tool schaffte Transparenz über die stillschweigenden, irrealen Annahmen, die bislang dem Projektmanagement zugrunde lagen. Das hatte Folgen.

Transparenz ist unerwünscht

Die Geschäftsleitung war voll in die Werkzeugfalle getappt. Sie ertrug die neu geschaffene Transparenz nicht. Wer sollte die um ein Viertel erhöhten Projektdauern verantworten? Also beschloß man stillschweigend und nach Ringelnatz – weil nicht sein kann, was nicht sein darf – das Werkzeug zu ächten. Der Überbringer der schlechten Nachricht wurde einfach mundtot gemacht. Man hatte vor der Anschaffung des Werkzeuges nicht darüber nachgedacht, was hinterher dabei herauskommen könnte. Das ist die eigentliche Werkzeugfalle. Unter diesem Aspekt ist sie nahe verwandt mit der Optimismusfalle: Erst handeln, dann denken.

Seither steht das Werkzeug ungeliebt und ungenutzt herum. 250 000 DM wurden für Hard- und Software ausgegeben, 250 000 DM für das Einrichten der Anlage, für die Schulung und für die Anlaufzeit. Für eine halbe Million hatte der Konzern eine Transparenz eingekauft, die er nachher nicht haben wollte. So teuer kann die Werkzeugfalle sein.

Ein Projektmanager verkalkuliert sich

Ein Projektmanager in einem mittelgroßen Unternehmen möchte mit einem der gängigen PC-Tools einen Netzplan seines Projektes erstellen. In zwei Tagen arbeitet er sich in die Software ein und erstellt einen Netzplan über seine 46 Arbeitspakete. Das sieht beeindruckend aus. Leider ergibt sich nach zwei Wochen eine Änderung:

- Es kommen einige Aktivitäten hinzu.
- Es kommen neue Verknüpfungen zwischen den Aktivitäten hinzu.

Also setzt sich der Projektmanager noch einmal für zwei Tage hin, um viele der Verknüpfungen in seinem Netzplan aufzuknüpfen und neue Verknüpfungen herzustellen. Das heißt, nur damit der Projektmanager mit seinem Netzplan arbeiten kann, hat er bis dato vier ganze Tage dransetzen müssen. Das ist schön, wenn man die Zeit hat. Haben Sie diese Zeit? Wohl kaum, denn die Auftraggeber geben sie Ihnen nicht. Auch das ist ein Aspekt der Werkzeugfalle. Der Auftraggeber will das Tool, aber die nötige Zeit dafür will er Ihnen nicht geben.

Verschärfend kommt hinzu, daß nicht alle Projektmanager PC-Freaks sind. Wird man als PC-Neuling dann zu einem PC-Tool «verurteilt», dann sitzt man schon mal länger vor dem PC als im Projekt. Verkehrte Welt! Ihr Auftraggeber glaubt Ihnen das vielleicht nicht, denn er hat sich möglicherweise noch nie in etwas eingearbeitet, das erheblich komplexer als WinWord ist. Nach meiner Erfahrung sind nur maximal zehn Prozent der Leute in einem Unternehmen wirklich fit für komplexe Software-Anwendungen. Die große Mehrzahl der Projektmanager dagegen packt der blanke Horror, wenn sie «PC-Werkzeug» hören. Auch deshalb stand der PC-Raum aus unserem ersten Beispiel ein Jahr lang leer.

Der Newcomer-Effekt

Warum tappen so viele Firmen und Projektmanager in die Werkzeugfalle? Weil so ein Werkzeug Sicherheit suggeriert. Eine trügerische Sicherheit. Projektmanagement ist für die meisten Unternehmen und Projektmanager immer noch eine Neuheit. Es setzt sich erst langsam auf breiter Basis durch. Und was tut ein Mensch, wenn er unsicher ist? Er klammert sich an etwas fest.

Je unsicherer ein Unternehmen oder ein Projektmanager ist, desto eher nimmt es/er Zuflucht zur Scheinsicherheit des PC-Tools: «Ich weiß nicht, wie Projektmanagement geht, aber das PC-Programm wird's mir schon sagen.» Pustekuchen. Das Tool erklärt Ihnen nur, wie Sie das Tool bedienen müssen. Wie und woher Sie die notwendigen Informationen bekommen, um das Tool zu füttern, das sagt Ihnen das Tool nicht: Wie lange dauern die Arbeitspakete? Wieviel Kapazität wird benötigt? Welche Bereiche müssen eingeschaltet werden?

Aber das sieht der Newcomer nicht. Und wenn er es schließlich sieht und unsanft aus allen Wolken fällt, mag er's nicht glauben. Denn er glaubt etwas anderes. Er glaubt an die Wunder der Technik. Er ist technologiegläubig: «Je teurer das Tool, desto besser läuft unser Projektmanagement.» Das ist ein Aberglaube. Aber einer, der von den Anbietern der Projektmanagement-Software nicht unbedingt bekämpft wird. Denn schließlich wollen sie ihre Produkte verkaufen.

Deshalb stehen auf den Hochglanzbroschüren Versprechungen wie: «Das effektive Tool für Ihr Projektmanagement.» Obwohl man den Herstellern nicht vorwerfen kann, daß sie gezielt in die Irre führen. Daß mit solchen vollmundigen Versprechungen das Tool und nicht das Projektmanagement gemeint ist, wird klar, sobald man genauer hinschaut. Aber so genau schaut keiner hin, der Projektmanagement machen will und nicht weiß, was Projektmanagement ist. Er greift nach allem, was irgendwie nach Strohhalm aussieht.

Tip für Topmanager: Finger weg von Tools!

Wenn Sie Ihrem Projektmanager etwas Gutes tun wollen, dann kaufen Sie ihm kein teures PC-Tool. Leider wird häufig das Gegenteil praktiziert: «Ich gebe Ihnen jetzt ein PC-Tool, dann kennen Sie sich mit Projektmanagement aus.» Sie glauben doch auch nicht, daß einer den Nobelpreis für Literatur bekommt, nur weil Sie ihm WinWord schenken? Oder würden Sie jemanden Ihre Deckungsbeitragsrechnung machen lassen, der Excel hat, aber keine Ahnung von Controlling? Eine Projektsoftware macht noch keinen Projektexperten.

Brauchen Sie überhaupt ein Tool?

Das ist die Frage. Brauchen Sie eine Küchenmaschine? Das kommt drauf an. Worauf kommt es bei einem Projekt an? Es kommt darauf an,

1. daß Sie die Arbeitspakete definieren
2. daß diese so gut beschrieben sind, daß sie verstanden werden

3. daß die Arbeitspakete akzeptiert werden und
4. daß sie ausgeführt werden.

Punkt 1 und 2 bedeuten: Sie als Projektmanager müssen die Arbeitspakete so beschreiben, daß sie verstanden werden können:

- Was muß alles im Arbeitspaket passieren?
- Woran messen wir den Erfolg des Arbeitspaketes?

Sie schreiben quasi für jedes Arbeitspaket einen internen Auftrag. Schreiben? Dann reicht dafür ja wohl ein stinknormales Textverarbeitungsprogramm, oder? In der Tat, das tut es. Denn damit können Sie ein Arbeitspaket gut beschreiben. Wenn es hochquantitativ hergeht, dann kann Sie dabei ein übliches Tabellenkalkulationsprogramm unterstützen. Ein spezielles Projektmanagementprogramm ist also gar nicht nötig. Aber für diese Einsicht müssen viele Projektmanager erst schmerzvolle Erfahrungen sammeln. Sie arbeiten sich in das spezielle PC-Tool ein, das kostet Zeit, denn das Tool ist komplex, diese Zeit geht von der eigentlichen Projektzeit ab, also nimmt man sich Arbeit ins Wochenende mit, die Familie rebelliert, und dann merkt man, daß das Tool mehr Arbeit macht als Nutzen bringt und vom Team auch nicht verstanden oder akzeptiert wird. Ein ernüchterndes Erlebnis.

Netzplan, Balkenplan oder Matrix-Projektplan?

Bei der Darstellung eines Projektes kommt es einzig und allein darauf an, daß alle Beteiligten eine Übersicht bekommen und behalten über:

- Wo steht das Projekt zur Zeit?
- Was kommt nach dem aktuellen Arbeitspaket?

Die spontane Antwort auf diese Fragen ist der Netzplan. Der Netzplan ist das Instrument für vorgangs- oder ereignisorientierte Prozeßdarstellung (s. Schaubild «Der Netzplan»).

Netzplan

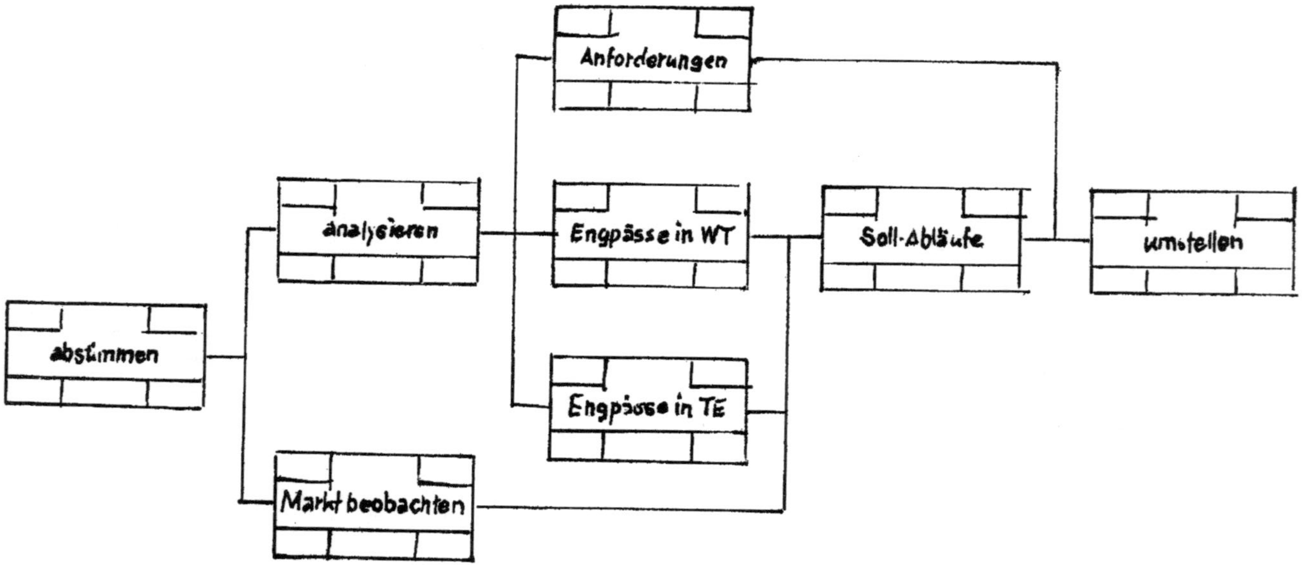

abstimmen
analysieren
Markt beobachten
Anforderungen
Engpässe in WT
Engpässe in TE
Soll-Abläufe
umstellen

Ein Blick auf einen Netzplan zeigt uns: Einen Netzplan muß man lesen können. Ein Netzplan kann sehr komplex sein. Möglicherweise können Sie sich als Projektmanager diese komplexe Lesefähigkeit aneignen. Aber können das Ihre Projektkollegen oder Ihr Auftraggeber? Sicher nicht. Deshalb verwenden viele Projektmanager statt des Netzplans den Balkenplan (s. Schaubild «Der Balkenplan»).

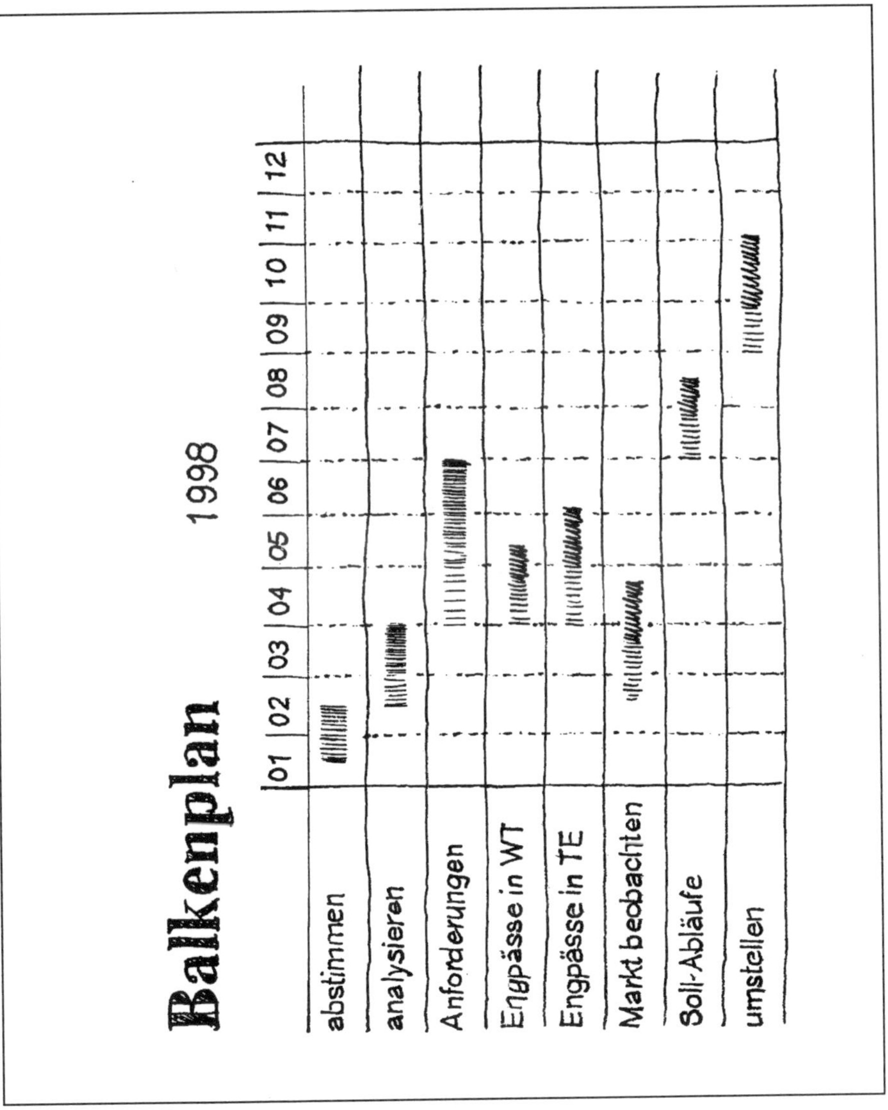

Der Balkenplan ist für den Laien verständlicher. Er hat jedoch ein Manko: Er gliedert nach Arbeitspaketen, nicht nach Bereichen. Die Projektteilnehmer in den Bereichen wollen aber in erster Linie wissen, wo sie mit ihrem Bereich stehen. Die Leute wollen mit ihrem Bereich, nicht mit Arbeitspaketen angesprochen werden. Dies tut der Matrix-Projektplan (s. Schaubild «Der Matrix-Projektplan»).

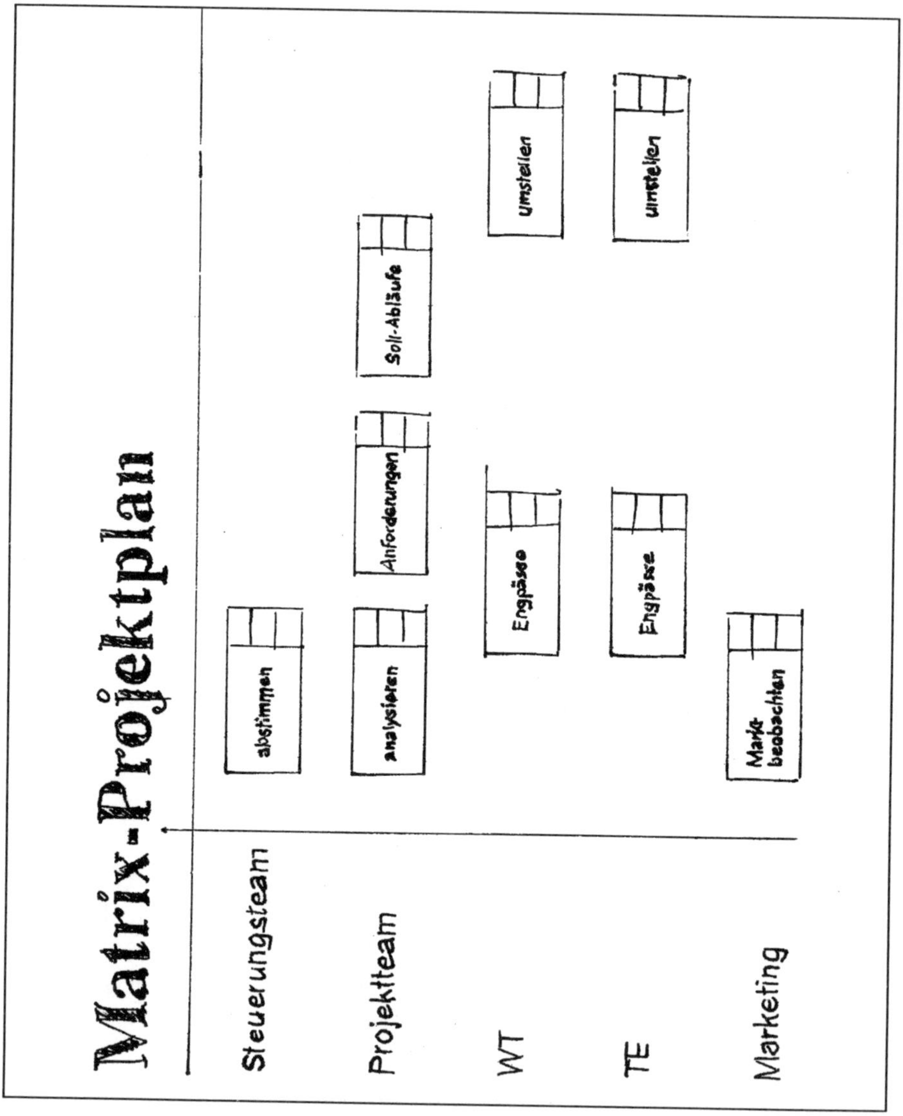

Im Matrix-Projektplan steht alles, was man für einen Überblick übers Projekt braucht. Und vor allem: Er ist für jeden Projektbeteiligten auf den ersten Blick verständlich. Denn er zeigt die Organisationseinheiten, die miteinander kooperieren und Leistungen für das Projekt erbringen müssen. Das einzige, was Sie als Projektmanager noch dazusagen müssen, ist: Was wurde bisher erledigt und was steht noch aus?

Mit dem Matrix-Projektplan reden Sie mit den Leuten in ihrer Sprache. Eine Sprache, die sie verstehen und nicht erst lernen müssen. Es gibt jedoch auch Auftraggeber, die bestimmen: «Bei mir bitte alles in Balkenplan darstellen.» Dann ist die Frage des Tools auch geklärt. Ist der Netzplan also total überflüssig?

Wo ein Netzplan sinnvoll ist

Es gibt Unternehmen, die bestehen auf dem Netzplan, weil er so schön die Abhängigkeiten zwischen den Arbeitspaketen abbilden kann. Diesen empfehle ich immer, nicht einen zeitraubenden Gesamtnetzplan zu erstellen, sondern einen Ausschnittsnetzplan für die besonders kritischen Arbeitspakete und Verknüpfungen. Das kostet weniger Zeit und stellt trotzdem den Engpaß in seiner ganzen Komplexität dar. Die entscheidenden Abhängigkeiten werden deutlich, ohne daß man das gesamte Projekt darstellen muß. Das macht man dann für die zwei bis drei kritischen Arbeitspakete, spart dabei Zeit und nutzt die Vorteile des Netzplans.

Es gibt noch einen Fall, in dem komplexe Tools wie MS Project oder SuperProject sinnvoll sind: Wer seinen Projektmanagern Zeit für das Erlernen und Pflegen der Tools gibt, wer Projektteilnehmer hat, die die Darstellungen der Tools lesen können, und wer Geld genug hat, sich die Tools leisten zu können, der kann diese komplexen Tools verwenden. Vorausgesetzt, er hat sich vor der Anschaffung überlegt, was er hinterher an Transparenz verkraften möchte. Ob diese Voraussetzungen in Ihrem Fall zutreffen, können nur Sie allein überblicken.

Der Zauberlehrling

Überlegen Sie sich gut, welche Geister Sie rufen, bevor Sie sie nicht mehr loswerden. Die komplexen PC-Tools «platzen» nämlich, sobald eine kritische Anzahl von Arbeitspaketen überschritten wird. Dann müssen Sie auf einen Zentralrechner umsteigen. In der Vergangenheit war das für Konzerne wie Daimler-Benz zunächst kein Problem. Diese richteten einfach eine eigene Arbeitsgruppe ein, die die Projekte dokumentierte und in Netzplänen darstellte. Die Projektmanager gaben ihre Notizen handschriftlich ins Rechenzentrum, die Fachleute dort übersetzten diese in die Tool-Sprache und ließen das Tool die Arbeitspakete durchrechnen. Das hatte zwei riesige Nachteile.

Erstens nahm man damit gigantische Zeitverzögerungen in Kauf, und zweitens machte man sich damit ziemlich unflexibel. Wenn sich ein Projektmanager beispielsweise bei einer Angabe mal geirrt hatte, dann konnte er das nicht schnell mal so korrigieren. Denn bei entsprechender Projektgröße rechnete das zentrale Tool oft 20 Stunden und mehr. Das konnte man nicht einfach anhalten. Also ließ man das Tool weiterrechnen, obwohl man den Fehler kannte, und arbeitete dann lieber mit einem «falschen» Netzplan weiter. Fazit: Wer komplexe Tools anschafft, muß damit rechnen, daß die Komplexität plötzlich lawinenhaft anschwillt und ihn verschlingt. Überlegen Sie sich also lieber vorher – nein, simulieren Sie es –, was Sie an Dokumentation und Steuerung wo haben wollen.

Tip für Topmanager: Tools sind gefährlich!

So ein Tool kostet bei entsprechender Unternehmensgröße schon mal eine halbe Million DM. Noch eine halbe Million DM kostet Sie das Einrichten des Tools und das Training der Leute. Bis das Tool läuft, können Sie also mit Anschaffungs- und Opportunitätskosten von gut und gerne 1,5 Millionen Mark rechnen. Und dann stellen Sie fest, daß Sie wegen der plötzlich auftretenden Transparenz oder der zeitraubenden Komplexität des Tools oder der Akzeptanzbarriere unter den Projektteams nicht mit dem Tool leben können. Wie wollen Sie die 1,5

Mio. DM dem Aufsichtsrat erklären? Überlegen Sie sich das gut, bevor Sie die Beschaffung unterschreiben.

Und dann gibt es noch die Kulturfrage: Wer im Unternehmen will denn überhaupt ehrlich und realistisch planen? Ist es nicht so, daß Projektmanagement aus dem Hut gezaubert wird, gerade weil eigentlich überhaupt keine Linienkapazitäten mehr vorhanden sind und vom Projektmanagement erwartet wird, daß es die fehlenden Kapazitäten zwischen Feierabend und Frühstück irgendwie organisiert? Ist es nicht so, daß die Projektmanager ihre Projektpläne präsentieren und dann automatisch auf 50 Prozent ihrer Zeitvorgaben runtergekürzt werden? Wenn auf diese Weise geplant wird, wozu brauchen Sie dann ein teures Tool?

Sie sehen: Es lohnt sich nachzudenken, bevor Sie ein Tool einkaufen. Look before you leap.

Auf einen Blick: Die Werkzeugfalle

💣 Gefahr:

Man kauft eine tolle Projektmanagementsoftware und erwartet, daß damit alles von alleine läuft. Dann wundert man sich, daß das erstens nicht passiert, zweitens die Software die alten Planungslügen aufdeckt und drittens man mehr Zeit vor dem PC als bei der eigentlichen Projektarbeit verbringt.

☺ Abhilfe:

- Finger weg von elaborierten PC-Tools! Sie sind nur sinnvoll, wenn Sie davor folgende Fragen beantworten: Wer kann diese schon bedienen? Wer hat die Zeit dazu? Wer verkraftet die resultierende Transparenz? Wer hat das Geld?
- Die meisten erfolgreichen Projekte werden mit einem Textverarbeitungsprogramm (Word o.ä.) und einem Tabellenkalkulationsprogramm (Excel o.ä.) gesteuert. Das reicht völlig, ist auch für PC-Laien verständlich und braucht wenig Zeit.
- Das geeignete Diagramm für die Projektplanung ist der Matrix-Projektplan, weil er beides zeigt: Arbeitspakete und Bereiche.

- Wenn Sie partout einen Netzplan haben wollen, dann bitte keinen Totalnetzplan, sondern einen Ausschnittsnetzplan. Das spart Zeit und macht die Sache übersichtlicher.

18 Sinnlose Sitzungen

Das Monster, das Ihre Zeit frißt

Sie sitzen in einer Projektsitzung. Sie sitzen wie auf glühenden Kohlen. Sie möchten das Meeting mit Händen anschieben; aber das geht und geht nicht vorwärts. Zäh wie Kaugummi schleppt sich die Diskussion von Punkt zu Punkt, schweift dauernd ab und verzettelt sich schließlich hoffnungslos an irgendeinem drittrangigen Problem, bevor alle Teilnehmer völlig frustriert und ohne Ergebnis auseinandergehen.

Angenommen, Sie sitzen mit sechs Kollegen vier Stunden zusammen und es kommt nichts dabei heraus. Dann hat Sie dieses Nichts glatt 28 Personenstunden oder ungefähr vier Tagen gekostet. Das sind beträchtliche Opportunitätskosten. Was hätten Sie in dieser Zeit alles erledigen können! Und vor allem: Wie lange müssen Sie dieser Zeit hinterherlaufen, bis Sie Ihren Rückstand aufgeholt haben? Wie viele Stunden nach Feierabend, wie viele Wochenendstunden?

Sinnlose Sitzungen sind schreckliche, zeitfressende Monster. Wir alle fürchten sie, wir alle würden sie am liebsten sofort abschaffen – aber irgendwie finden wir uns dann doch wieder im Sitzungsraum und zählen die Minuten, bis wir erlöst sind. Was können Sie tun? Einiges, denn schließlich sind Sie der Projektmanager.

Das, was Sie tun können, ist nicht einmal aufwendig. Beginnen Sie einfach mit der Frage: Wozu brauchen wir das Meeting überhaupt? Oft ist ein Meeting sachlich überhaupt nicht gerechtfertigt und schon gar nicht nötig. Viele Leute berufen Sitzungen ein, weil sie Panik haben, Gesprächspartner brauchen oder einfach mal Erfahrungen austauschen wollen. Daher der bekannte Bürospruch: «Bist du einsam? Komm ins Meeting!» Für Seelenmassage braucht man jedoch kein Meeting. Das kann man auch in Zweiergesprächen erledigen. Erfahrene Projektmanager halten dieses Prüfkriterium beständig im Hinterkopf. Sobald das Stichwort «Sitzung» auftaucht, fragen sie: Wozu? Doch seien Sie vorsichtig. Die Dosierung macht den Meister. Es gibt nämlich auch Sitzungen, die auf den ersten Blick überflüssig erscheinen, es aber keineswegs sind.

Sinnvoll: das Info-Meeting

Es nützt Ihrem Projekt nichts, wenn die Leute den Überblick verlieren. Die meisten Teammitglieder interessieren sich für Antworten auf Fragen wie:

- Was passiert gerade?
- Was ist der Stand der Dinge?
- Was machen im Moment die anderen?

Wer darauf keine Antworten bekommt, wird leicht demotiviert und läßt die Dinge schleifen. Da hilft das monatliche Info-Meeting. Doch wieviel Zeit sollten Sie dafür reservieren? Das hängt von der Größe Ihres Teams ab. Jedes Mitglied sollte etwa 20 Minuten zu Wort kommen. Bei sieben Personen sind das schon über zwei Stunden. Rechnet man eine etwaige Diskussion hinzu, dann ist ein Nachmittag verbraucht. Das ist Prozeßpflege, die Zeit kostet. Aber solange es mehr bringt, als es kostet, ist es wirtschaftlich, oder? Und es bringt einiges. Die Leute bleiben motiviert, und durch den Erfahrungsaustausch steigt die Effizienz Ihres Projektes.

Das Info-Meeting ist also eine feste Größe, mit der Sie rechnen sollten. Es macht in der Regel auch weniger Probleme. Probleme machen die Problem-Meetings.

Das Problem-Meeting

Üblicherweise wird ein Meeting einberufen, wenn ein Problem auftaucht. In der Montage ist ein Fehler passiert oder ein Lieferant kann nicht termintreu liefern. Eine der vier Stellschrauben (Ziele, Termine, Kosten, Personalkapazität) wird tangiert – Sie sind gezwungen zu handeln. Ein Meeting einzuberufen ist also durchaus sinnvoll.

Nicht sinnvoll ist, alle Projektmitglieder einzuladen. In den meisten Projektsitzungen sitzen viel zu viele Leute herum. Deshalb wird zu viel geredet, sind zu viele Leute frustriert und kommt zu wenig dabei heraus. Erfahrene Projektmanager laden nicht einfach in Bausch und Bogen ein. Sie laden nur jene Leute ein, die zu diesem speziellen Problem etwas sagen können.

Je weniger Leute sitzen, desto weniger Durcheinander gibt es. Dabei können schon fünf oder sieben Personen ein ziemliches Chaos veranstalten. Das kann nur jemand verhindern, der das verhindern möchte. In den meisten Sitzungen reden alle durcheinander, alle leiden darunter, aber keiner möchte das Durcheinander aktiv verhindern. Bestimmen Sie deshalb vor jedem Meeting eine(n), der/die sich genau um diese Aufgabe kümmert.

Bestimmen Sie einen Moderator!

Es muß in jedem Meeting jemanden geben, der konsequent für Ordnung und zügigen Fortgang sorgt. Das ist der Moderator. Moderator sollte nicht unbedingt der Projektmanager sein. Denn als Projektmanager sind Sie mittendrin im Problem. Sie sind unter Druck, Sie brauchen dringend eine Lösung. Also fahren Sie Leuten, die schwafeln, schon mal über den Mund oder versuchen, Ihre Lösung durchzupeitschen. Das klappt vielleicht ein paarmal, aber bald schon geht Ihr Team in die innere Kündigung. Deshalb sollten nicht Sie moderieren. Sie geraten in einen Rollenkonflikt.

Überlassen Sie die Moderatorenrolle einem, der weniger unter Druck steht. Also einem Mitglied, das mit dem akuten Problem relativ wenig zu tun hat. Dieses Mitglied hat den nötigen Abstand, nicht das Sachproblem, sondern das Problem der offenen und disziplinierten Diskussion zu sehen. Je geringer der Blutdruck, desto größer die Moderatoreneignung.

Sie kennen sicher die Wirkung eines guten Moderators. Die Diskussion kommt immer sehr schnell auf den Punkt zurück. Und dabei mischt sich der Moderator nicht mal besonders ein. Er dirigiert ganz unauffällig. Das kann er, wenn er seine Arbeitstechniken beherrscht, also mit Flipchart, Pinnwand, Karten und Overhead-Projektor arbeiten kann. Das kann man übrigens auf Seminaren lernen oder sich anlesen. Außerdem ist ein guter Moderator kompetent auf der Verhaltensebene. Er kann Gesprächsregeln vereinbaren (s. Kapitel 13) und ihre Einhaltung gewährleisten.

Die Wahl Ihres Moderators ist schon die halbe Miete für ein erfolgreiches Meeting. Was Sie Ihrem Meeting sonst noch zum Erfolg verhilft, klären wir jetzt.

Laden Sie richtig ein!

Eine der häufigsten Ursachen von sinnlosen Sitzungen sind Teilnehmer, die sich nicht vorbereitet haben. Manchmal bleibt ihnen jedoch nichts anderes übrig. Denn sie wissen gar nicht, worauf sie sich vorbereiten sollen. Sagen Sie's ihnen. Schreiben Sie in die Einladung:

- den Anlaß für das Meeting
- die Ziele für das Meeting

Damit ist klar, worauf ich mich als Teilnehmer innerlich und/oder mit meinen Unterlagen vorbereiten muß. Außerdem hat eine korrekte Einladung eine unschätzbare Nebenwirkung. Oft wird Sie ein Teammitglied anrufen und sagen: «Zu diesem Problem kann ich eigentlich nichts Kompetentes sagen.» Prima, schon einer weniger, der seine Zeit opfern muß.

Wenn Sie mit der Zielformulierung Probleme haben, dann orientieren Sie sich an den vier Stellschrauben, beispielsweise: «Alternativen erarbeiten, wie wir den Abschlußtermin doch noch halten könnten.» Das ist konstruktiver als «Das Problem beseitigen». Denn wenn das Problem beseitigt ist, dann ist damit nicht unbedingt etwas über die Zielgrößen Ihres Projektes gesagt.

Organisieren Sie!

Ja, das klingt banal. Aber wenn Sie wüßten, wie viele Projektmeetings täglich auf irgendeinem Gang, in einem total überfüllten Büro eines Kollegen oder in einer Ecke der Kantine stattfinden ... Die Wahrheit ist doch: Wer denkt schon an solche Banalitäten wie die Reservierung des Sitzungsraums? Und dann funktionieren die Stifte wieder nicht, auf dem Flipchart ist nur noch ein Chart, und die Getränke sind schon lange ausgegangen.

Es ist lästig, wenn Ihr Meeting unter diesen banalen Rahmenbedingungen leidet. Ein Bereichsleiter tobte mal: «In diesem blöden Projekt funktioniert nicht mal der Tageslichtprojektor!» und stürmte wutentbrannt raus. Das war zwar nicht der Grund, sondern lediglich der Auslöser für seinen Zorn, aber Zeit hat das trotzdem gekostet. Viele Projektmanager verlieren hier viel Zeit, weil sie sich vorher nicht die wenige Zeit genommen haben, das Meeting gewissenhaft vorzubereiten. Das sind vermeidbare Eigentore. Natürlich kostet ein gutes Meeting Vorbereitung, und Vorbereitung kostet Zeit. Aber diese Zeit hat einen hohen Return on investment.

Beginnen Sie richtig!

Die meisten Meetings werden beim Anstoß verschenkt. Sie kennen vielleicht die Geschichte des Holzfällers, der wie ein Irrer sägte und auf den Einwand, mit einem scharfen Sägeblatt schneller fertig zu werden, sagte: «Keine Zeit, das Sägeblatt zu wechseln, ich muß sägen.» Ein erfahrener Projektmanager sagte mal: «Fünf Minuten zu Beginn des Meetings sparen fünf Stunden.» Das ist vielleicht etwas extrem, aber es zeigt die Proportionen.

Was sollten Sie, nein, was sollte Ihr Moderator in diesen alles entscheidenden fünf Minuten tun? Ihr Moderator sollte zunächst die Frage stellen: «Was wollen wir heute unbedingt erreichen?» Daß die Leute sich in Meetings verzetteln, liegt einfach auch daran, daß niemand so recht weiß, worauf man eigentlich hinaus will. Und wer nicht weiß, wohin er will, kommt meist dort an, wo er nicht hinwollte. Wer seine Ziele klar vor Augen hat, verzettelt sich nicht. Also vereinbart der erfahrene Moderator die Ziele als erstes. Als nächstes geht er die Tagesordnungspunkte durch.

Gehen Sie die TOP durch!

Ein guter Moderator geht gemeinsam mit den Teilnehmern die Tagesordnungspunkte durch. Schon allein dabei merken viele Leute sofort: Das sind ja viel zu viele. Da werden wir niemals fertig. Außerdem gibt man damit Teilnehmern Gelegenheit, ihre eigenen kleinen Probleme anzubringen. Nichts ist schlimmer als ein Teilnehmer, der innerlich kündigt, weil er sich plattgemacht fühlt.

Ein guter Moderator klärt auch sofort, wer die einzelnen Tagesordnungspunkte (TOP) übernimmt. Wer stellt das Problem dar? Und vor allem: Wieviel Zeit möchte er dafür? Eine mittlere Annahme ist:

- 15 Minuten für die Problemschilderung
- 10 Minuten für die Diskussion
- 5 Minuten für die Vereinbarung der Maßnahmen je TOP

Wenn Sie auf diese Weise TOP für TOP durchgehen und die Zeiten zusammenrechnen, kommen vielleicht 12 Stunden heraus. Deshalb ist es sinnvoll, wenn der Moderator eine Rangreihenfolge der TOP mit den Teilnehmern ausmacht, die wichtigsten TOP in der verfügbaren Zeit ansetzt und die restlichen sofort vertagt.

Warum moderieren Sie nicht?

Was Sie bisher zur Moderation gelesen haben, hätten Sie sich auch denken können, nicht? Und warum machen Sie's dann nicht in Ihren Teamsitzungen? Der häufigste Fall ist doch, daß wir's nicht machen, obwohl wir eigentlich ganz gut wüßten, worauf es ankommt. Warum tun wir es nicht?

In sinnlosen Sitzungen sitzen alle da und denken: «Sinnlos, quälend, überflüssig.» Aber keiner sagt etwas. Und wenn er etwas sagt, jammert er – hinterher. Das ist nicht besonders konstruktiv. Wir alle haben ungeheure Hemmungen, aufzustehen und zu sagen: «Kolleginnen und Kollegen, mit der Effizienz unserer Sitzungen bin ich nicht ganz zufrieden. Und ihr? Könnten wir nicht folgendes mal probieren ...» Auch das zeichnet gute Projektmanager aus. Sie können ab und zu über den eigenen Schatten springen.

Wie Sie Hierarchen begegnen können

Es gibt aber noch einen Grund, weswegen Sitzungen schieflaufen: die Hierarchen. Wenn ein Hierarch dabeisitzt, haben wir noch größere Hemmungen, etwas zu sagen. Diese Hemmungen können Sie mit einem kleinen Kniff überwinden. Erfahrene Moderatoren fragen den anwesenden Hierarchen zu Beginn: «In welcher Rolle sitzen Sie hier?» Meist reagiert der Angesprochene ziemlich überrascht, sagt dann aber doch etwas wie: «Behandeln Sie mich wie einen ganz normalen Meeting-Teilnehmer.» Das ist das Stichwort.

Damit ist klar, daß der Hierarch nicht wie das Vorstandsmitglied behandelt werden will, das er ist; nicht wie der mächtige Entscheider, der kraft Amtes alles mit einem Machtwort entscheiden könnte, sondern wie ein Normalsterblicher. Damit sieht die Sache ganz anders aus. Denn damit fällt er unter die ganz normalen Gesprächsregeln.

Erfahrene Moderatoren haben ja zu Beginn für jeden Redner dessen Redezeit vereinbart. Manche halten diese ein, manche nicht. Deshalb vereinbaren erfahrene Moderatoren auch immer ein Zeichen, mit dem sie auf verrinnende Zeit aufmerksam machen: «Wie möchten Sie, daß ich Sie auf die letzten fünf Minuten aufmerksam mache? Soll ich ein kleines Kärtchen hochhalten?» Meist ist das ein akzeptables Zeichen, das genausooft nicht ausreicht. Dann hält man eben noch ein Kärtchen für «Noch zwei Minuten» und «Noch eine Minute!» hoch. Und meist ist der Adressat dafür – auch und gerade wenn es ein Hierarch ist – ausgesprochen dankbar. Denn noch lästiger wäre es ihm, wenn er unbemerkt überziehen und sich als inkompetenter Vielschwätzer outen würde.

Es erfordert zwar immer noch Mut, den Hierarchen zu moderieren. Aber es ist weniger qualvoll, als sechs Stunden lang sinnlos zu sitzen. Und außerdem kann es mächtig Spaß machen. Denn mit mächtigen Hierarchen zusammenzuarbeiten ist manchmal recht lehrreich und verschafft Ihnen Karrierepunkte. Auch Hierarchen wissen gute Moderatoren zu schätzen.

Wenn der Hierarch oder ein anderer Redner sich aber partout nicht an seine Redezeit hält, dann fällt dem Moderator auch nicht der Himmel auf den Kopf. Sie kennen das inzwischen: Nicht meckern, sondern auf den Tisch bringen. Etwa so: «Was Sie vorbringen ist äußerst interessant, nur fällt dadurch unser letzter Punkt aus der Tagesordnung, weil wir gerade überziehen. Sind alle damit einverstanden, daß der Punkt verschoben wird?» Sie werden erstaunt sein, wie viele Teilnehmer – auch wenn ein Hierarch redet – dann lauthals murren und die Köpfe schütteln. Dem Moderator kann nichts passieren, denn er hat ja nur ganz moderat gefragt. Deshalb heißt er Moderator.

Verteilen Sie die Verantwortlichkeit

Sie brauchen kein Held, aber auch kein Opfer zu sein. Selbst wenn der große Vorsitzende persönlich anwesend ist, brauchen Sie nicht stumm dabeizusitzen und zu leiden. Alle Situationen sind beeinflußbar, sobald Sie bewußt damit umgehen. Meetings sind steuerbar, sobald Sie sie steuern wollen. Meist sind zwar alle frustriert über sinnlose Sitzungen, aber es mangelt einfach am Willen, etwas zu ändern. Wo ein Wille ist, ist auch ein Weg. Man kann immer etwas ändern. Deshalb machen Sie es sich auch zur Gewohnheit, am Ende des Meetings zu fragen:

- Wie zufrieden sind Sie mit dem Meeting?
- Was können wir das nächste Mal besser/anders machen?

Damit nehmen Sie Ihre Teilnehmer in die Verantwortung. Diese können nicht länger rausgehen und murren: «Blödes Meeting, totale Zeitverschwendung.» Sie müssen ihre Meinung offenbaren. Meist tun sie das sehr gerne. Alle Menschen reden gerne mit. Natürlich nicht von Anfang an. Wenn in Ihrem Unternehmen eine Duckmäuserkultur herrscht, dann müssen Sie schon einige Male bohren, bevor die Leute sich aus der Reserve trauen. Aber dann klappt's. Sie haben sich eine eigene Projektkultur geschaffen. Das fällt an guten Projekten immer auf. Die Leute sind irgendwie «ganz anders» als im Restbetrieb. Sie übernehmen Verantwortung, sie reden mit.

Das motiviert die Leute natürlich und kommt Ihrem Projekt zugute. Ein gut moderiertes, erfolgreiches Meeting hat ungeheure Motivationseffekte. Es schweißt die Leute zusammen. Es gibt ihnen das Gefühl: «Wir können was bewegen!» Damit ist auch leichter Konsens erreichbar – ein in Sitzungen chronisch schwieriges Thema. Gut moderierte Sitzungen motivieren, schlecht moderierte Sitzungen frustrieren.

Wer führt das Protokoll?

Eine Horrorfrage für jeden Teilnehmer. Und eine Horrorfrage für Projektmanager. Denn oft wird ein Protokoll erst nach Wochen abgesegnet, weil irgendwer behauptet: «So habe ich das nie gesagt!» Das ist das Gegenteil von Effizienz. Deshalb haben viele Unternehmen in der Zwischenzeit einen Pinnwand-Kopierer. Diese praktischen Geräte gibt es schon für 1600 DM. Ihr Nutzen ist enorm.

Der Protokollführer und das Protokoll im herkömmlichen Sinne ist damit abgeschafft. Das Simultan-Protokoll ist möglich. Eine Stunde nach Sitzungsende hat jeder sein Protokoll auf dem Tisch. Jetzt muß Ihr Moderator nur noch den Flipchart bedienen können. Das ist keine angeborene Begabung. Es gibt Leute, die schreiben Romane oder unzusammenhängende Stichworte. Was auf den Flipchart gehört, sind vier Daten:

1. Was ist zu tun?
2. Wer ist verantwortlich?
3. Wer muß ihm/ihr dabei helfen?
4. Bis wann ist das zu erledigen?

Das ist kurz und bündig; die Konzentration auf das Wesentliche. Und nur um zu zeigen, das keine Technik idiotensicher ist, folgende Anekdote: Nachdem alle voll Stolz ihr Simultanprotokoll empfangen hatten, einige Wochen vergangen waren und wir uns wieder zu einem Projekt-

Meeting in einem größeren Unternehmen trafen, sagte doch ein Hierarch tatsächlich: «Ich habe meine Hausaufgaben nicht gemacht. Ich dachte, ich bekomme noch ein schön abgetipptes Protokoll. Auf dieses warte ich bis heute.» Was nur beweist: Manche Manager sind nicht effizienzorientiert. Sie verfolgen andere Ziele.

Warum wird dieses simple 4-Punkte-Protokoll so wenig verwendet? Weil es eine ungeheure Sprengkraft hat. Sinnlose Sitzungen sind nämlich alles andere als sinnlos. Sie haben einen unschlagbare Nutzen: Man kann stundenlang schwafeln, ohne daß gesagt wird, wer was bis wann machen muß. Kein Verpflichtung. Für Leute, die das Projekt nur so absitzen wollen, ist das ideal. Für alle anderen ist es zumindest kurzfristig angenehm. Man kann sich so herrlich und ohne reale Konsequenzen selbstdarstellen. Wenn dagegen nach den vier Punkten protokolliert wird, ist ganz klar nachprüfbar:

- Wer hat seine Hausaufgaben gemacht?
- Und wer nicht?
- Wer war zu optimistisch in seinen Zielen?
- Wer muß was mit wem bis wann machen?

Sie sehen, da steckt wieder unser alter Vorteil der Transparenz dahinter. Er ist allen Arbeitstechniken gemein. Arbeitstechniken sind dazu da, die Transaktion von Information zu erleichtern. Je besser die Technik angewandt wird, desto erfolgreicher ist Ihr Meeting. Aber das gilt genausogut umgekehrt.

Die häufigsten Meeting-Pathologien

Nach diesem Ausflug in die Moderation von Meetings fällt es Ihnen nicht mehr schwer, Ihre sinnlosen Sitzungen wirkungsvoll anzupacken. Sie kennen sicher die häufigsten Gründe, weshalb ein Meeting total entgleisen kann:

- Einer oder einige produzieren sich.
- Sie moderieren mit eiserner Faust.
- Alle reden wirr und endlos.
- Das Protokoll taugt nichts.

- Alle wollen das Problem lösen.
- Es kommt zur Schuldzuweisungsorgie.

Diese Pathologien und ihre Behebung wollen wir uns im einzelnen genauer anschauen.

Einer produziert sich

Besonders ärgerlich ist, wenn einer Ihre Sitzung als Plattform für Selbstdarstellung mißbraucht. Alle anderen wollen das Problem lösen, aber der Kollege hier möchte sich profilieren und redet und redet und redet. Oder zwei Selbstdarsteller werfen sich die Bälle zu. Meist sind das die Problembetroffenen. Sie sabotieren die Sitzung nicht. Sie fühlen sich vielleicht nur angegriffen und wollen sich verteidigen. Sie verteidigen sich so gut, daß sie das Problem schon wieder schönreden.

Es gibt einen einfachen Kniff, den Redefluß von Vielrednern zu kappen, ohne den Leuten barsch über den Mund zu fahren. Der Moderator sagt: «Sagen Sie mir kurz das Stichwort, damit ich's an die Pinnwand heften kann.» Oder: «Ach, schreiben Sie Ihre Anmerkungen in Stichworten einfach auf eine Karte, damit die Information nicht verlorengeht.» Der Effekt ist verblüffend. Sobald das Stichwort auf der Karte steht, ist alles klar. Es besteht kein Bedarf mehr, die Sache haarklein zu erzählen, denn die Leute im Saal sind ja nicht doof. Das sieht der Vielredner meist spontan ein. Das Aufschreiben befreit ihn aus seiner Redetrance und lenkt seine Aufmerksamkeit auf ein konstruktives Vorgehen. Das ist fast schon Magie.

Sie moderieren mit eiserner Faust

Viele Projektmanager meinen, sie müßten das Meeting selbst moderieren. Einerseits ist es schwierig, einen guten Moderator zu finden, andererseits denkt man «Das kann ich gut selber», und außerdem ist der Projektmanager durch das akute Problem so unter Druck, daß er mächtig Dampf macht. Funktioniert das? Nein. Das wissen Sie, wenn Sie Kinder haben oder Verwandten bei der Erziehung zusehen. Je stärker die Eltern darauf drängen, daß das Kind etwas Bestimmtes tut, desto weniger tut es das Kind. Druck erzeugt Gegendruck.

Es gibt Projektmanager, die unter dem Druck des akuten Problems mächtig Druck machen und alle Widerstände des Teams überrollen – meist ohne diese überhaupt zu bemerken. Die Leute nicken ab und ein. Das klappt einmal, doch der Sekundäreffekt kommt Sie teuer zu stehen. Sie erziehen Ihre Leute zur Hörigkeit. Sie bringen Ihnen bei: Bei Problemen sagt der große Projektmanager, wo's langgeht. Wenn Sie Ihre Leute dann wirklich mal brauchen, haben diese längst abgeschaltet.

Vielleicht sind Sie ja wirklich der Ansicht, daß nur Sie wüßten, wo's langgeht. Dann moderieren Sie ruhig selbst. Aber wozu brauchen Sie dann überhaupt die Teamsitzung? Wenn Sie jedoch Wert auf das Know-how Ihres Teams legen, dann lassen Sie moderieren. Suchen Sie sich aber keinen Ja-Sager als Moderator aus. Sondern einen, der ein Gegengewicht zu Ihrem Enthusiasmus bilden kann.

Alle reden wirr und endlos

Sie kennen das. Alle fünf Minuten denken Sie: «So weit waren wir doch vor fünf Minuten schon mal!» Die Leute kauen immer wieder dieselben Punkte durch, kommen nicht zu Potte und drehen wieder eine Schleife. Entweder haben Sie viel zu viele Leute eingeladen, die darüber hinaus nicht problemkompetent sind. Oder Sie wissen auch nicht so recht, was Sie wollen. Im Zweifelsfall kann das nur eines sein: Sie möchten nicht, daß die Leute reden, Sie möchten Informationen hören. Wenn Ihr Moderator clever ist, unterbricht er das Durcheinander und sagt: «Bitte schreiben Sie alle Ihre Ideen (Lösungen, Maßnahmenvorschläge, was auch immer) auf je eine Karte. Ich möchte dann mit Ihnen die Karten strukturieren.»

Das Protokoll taugt nichts

Protokolle sind ein Leiden für sich. Was hier alles an unstrukturierter Prosa verbraten wird! Da wird seitenlang dokumentiert, wer was wie gesagt hat. Was das zu bedeuten hat und welche Konsequenzen sich daraus für die nächsten Arbeitsschritte ergeben, das wird unterschlagen. Deshalb liest kein Mensch diese Amateurromane (gerne). Sie sind nutzlos.

Die vier Punkte, die in ein Protokoll gehören, kennen Sie. Was recht nützlich ist, ist die tabellarische Darstellung dieser vier Punkte (s. Schaubild). Als fünfte Spalte empfiehlt sich der Spaltenkopf «Erledigt». Da können Sie dann ein fettes Kreuz einzeichnen. Alles, was noch offen ist, entwickelt dadurch eine auf den ersten Blick wirkende Antreiberwirkung: «Hoppla, da ist noch was offen.»

Alle wollen das Problem lösen

Das ist nur verständlich und kommt gerade in motivierten Teams besonders häufig vor. Alle fühlen sich vom Problem betroffen und machen nun Lösungsvorschläge. Das ist schön, wenn sich alle engagieren und nicht – wie in manchen Projekten – lethargisch in den Seilen hängen. Das Dumme daran ist, daß sich die Teilnehmer, in deren Bereich das Problem liegt, dadurch bevormundet fühlen können. Sie bauen innerlich und meist von außen nicht sichtbaren Widerstand auf.

Außerdem kann passieren, daß jeder meint, das einzig richtige Rezept gefunden zu haben, und sich ein nervender und endloser Streit der Rezepte entwickelt. Dafür gibt es nur eine Abhilfe: Wer das Problem hat, entscheidet auch, welche Lösung er vorzieht. Sie haben sicher schon bemerkt, daß sogenannte Expertenlösungen, auch wenn sie objektiv die beste Lösung sind, am Ende zu minderwertigen Resultaten führen, weil die Betroffenen Widerstand zeigen. Dagegen führen a priori minderwertige Lösungen zu hervorragenden Ergebnissen, weil es eben die eigenen Lösungen der Betroffenen sind, für die sie sich voll engagieren. Engagement hat einen größeren Einfluß auf das Ergebnis als das eigentliche Lösungsrezept. Deshalb sollen die Betroffenen selbst entscheiden, welche Lösung sie nehmen wollen.

Sie können ihnen dabei helfen, auch die positiven Seiten von anderen Lösungen zu sehen. Aber Sie können sie nicht dazu zwingen. Eine zweitbeste Lösung mit Akzeptanz ist immer besser als eine beste Lösung ohne Akzeptanz.

Es kommt zu einer Schuldzuweisungsorgie

Das ist vielleicht der aufreibendste Fall einer sinnlosen Sitzung. Ein Problem ist aufgetaucht. Und jeder versucht nun, dem anderen die Schuld zu geben. So aufreibend das ist, so einfach ist die Lösung. Sie erinnern sich vielleicht an unsere Gesprächsregeln (s. Kapitel 13): Jeder hat das Recht, Fehler zu machen. Also sagt der Moderator einfach: «Meine Damen und Herren, wollen Sie einen Gang durchs Museum veranstalten? Vergangenheitsbewältigung interessiert mich nicht. Der Fehler ist passiert, Schwamm drüber – aber jetzt geht der Blick nach vorne: Wie kommen wir jetzt weiter?»

Darauf wird es immer einen geben, der meint: «Aber um das Problem zu beheben, müssen wir doch erst wissen, wer Schuld hat.» Darauf gibt es viel Antworten. Hier einige in aufsteigender Vehemenz zur Auswahl:

«Müssen wir? Lassen Sie uns erst eine Lösung finden, danach können wir dann entscheiden, ob wir einen Schuldigen brauchen.»

«Glauben Sie, es ist dem Klima und der Lösung zuträglich, wenn Sie jetzt gleich mit dem Finger auf einen Kollegen zeigen werden? Hätten Sie das gerne, wenn Sie es treffen würde?»

«Ich bin nicht Dostojewski. Schuld und Sühne interessieren mich nicht. Mich interessiert nur eines: Wie kriegen wir die Kuh vom Eis?»
«Was wollen Sie wirklich: Recht haben oder eine Lösung finden?»

Warum sinnlose Sitzungen?

Wenn Sie gewisse Projekte anschauen, dann werden Sie regelmäßig von der Fachkompetenz erstaunt sein. Dafür sind wir ja auch in aller Welt bekannt. Unsere Ingenieure kennen sich aus auf ihrem Gebiet. Wenn man sieht, mit welcher Kompetenz hochkomplexe Anlagen konstruiert und gebaut werden, dann wundert man sich allerdings über die Unbedarftheit, mit der diese Anlagen projektiert werden. Da sitzen hochbezahlte Ingenieure stundenlang herum und reden im Kreis. Woher kommt dieses Mißverhältnis der Kompetenzen?

Es kommt vom Sägeblattproblem. Die Projektteilnehmer sind so mit Sägen beschäftigt, daß sie sich keine Zeit zum Wechseln des stumpfen Sägeblattes nehmen wollen. Alle denken an das Sachproblem, selten einer an das Prozeßproblem. Wie Mintzberg sagte: «Wir leben und sterben in Organisationen. Aber wir wissen nicht, wie sie funktionieren.» Wir wissen, wie die Anlage funktioniert. Wir wissen nicht, wie das Projekt zur Anlage funktioniert. Dabei ist der Prozeß der Engpaß des Sachproblems. Bevor ich mich aufs Sägen stürze, schaue ich mir mein Sägeblatt an. Bevor ich endlos sitze, bereite ich die Sitzung so vor, daß sie eben nicht endlos wird. Aber das setzt investives Denken voraus. Man investiert jetzt etwas, um später Zinsen daraus zu erhalten. Leider denken die meisten Menschen und daher auch Projektmanager nicht investiv, sondern hektisch. Der Alltagsstreß läßt eben nicht mehr zu. Aber früher oder später kommt jeder Projektmanager darauf. Gut für Sie, wenn es früher ist.

Auf einen Blick: Sinnlose Sitzungen

Gefahr:

Viele gehen rein, wenig kommt raus.

☺ **Abhilfe:**

Checkliste: So hat Ihre Sitzung Erfolg

Brauchen Sie wirklich ein Meeting?	❑
Sind nur problemkompetente Leute eingeladen?	❑
Wurde mit Anlaß und Ziel eingeladen?	❑
Steht in der Einladung, welche Vorbereitung erwartet wird?	❑
Wurde die Einladung rechtzeitig verschickt?	❑
Ist der Raum reserviert?	❑
Sind alle Hilfsmittel vorhanden?	❑
Funktionieren sie auch?	❑
Moderiert jemand anders als Sie?	❑
Ist der Moderator methodenkompetent?	❑
Was muß im Meeting unbedingt erreicht werden?	❑
Sind die TOP abgeklärt?	❑
Wer präsentiert die einzelnen TOP?	❑
Wieviel Zeit braucht er/sie dafür?	❑
Welche Reihenfolge ist sinnvoll?	❑
Wird die vorhandene Zeit voraussichtlich überschritten?	❑
Ist die Rolle von Hierarchen abgeklärt?	❑
Sind Zeichen für ablaufende Zeit vereinbart?	❑
Wird ein 4-Punkte-Flipchart-Protokoll geführt?	❑
Klären: Was soll nächstes Mal anders laufen?	❑

19 Die Ressourcenfalle

Planen, nicht meckern

Gerade hat Ihnen der Auftraggeber das Projekt gegeben, da stellen Sie bei Ihrer ersten überschlägigen Planung fest: Das Projekt können wir uns gar nicht leisten. Es sind einfach zu wenig Leute verfügbar. Da muß sich Ihr Auftraggeber wohl verschätzt haben. Also marschieren Sie schnurstracks zu Ihrem Auftraggeber zurück und klären ihn auf. Statt sich jedoch für die Aufklärung zu bedanken, tobt dieser: «Was soll diese negative Haltung! Sagen Sie mir nicht, warum es nicht geht, sagen Sie mir lieber, wie es gehen könnte!»

In meiner Beratungspraxis erschreckt mich immer wieder, wie oft unerfahrene Projektmanager in diese Falle tappen. Natürlich sind viel zu wenig Ressourcen da! Aber genauso natürlich will kein Auftraggeber hören, daß ein Projekt undurchführbar ist. Und ganz unrecht hat er dabei nicht. Was ein Topmanager braucht, sind keine Unkenrufe, sondern Entscheidungsgrundlagen. Also geben Sie ihm welche. «Das Projekt geht nicht» ist keine Entscheidungsgrundlage.

Machen Sie eine termintreue Planung: Wenn das Projekt rechtzeitig fertig werden soll, wie viele Leute brauchen Sie? Wie viele Leute haben Sie? Wie viele Leute müßten also zusätzlich eingestellt, abgezogen, doppel- oder dreifachbelastet werden? Wenn Sie schlau sind, planen Sie gleich noch eine Alternative wie folgt. Wenn Sie genau wissen, daß Sie die fehlenden Leute nie und nimmer bekommen werden, dann akzeptieren Sie das einfach. Wie die Amerikaner sagen: «There ain't no more light than what light there is.» Es sind nicht mehr Leute da, als da sind.

Wenn Sie also wirklich nur mit den vorhandenen Ressourcen rechnen können und trotzdem den Termin halten wollen – denn das Projekt soll ja so schnell wie möglich fertig werden –, dann bleibt von den vier Stellschrauben meist nur eine flexible übrig: die Ziele. Schlagen Sie also eine 60-Prozent-Lösung vor. Machen Sie ressourcensparende Abstriche an den Zielen. Das ist immer besser als bloßes Meckern «Das Projekt geht nicht!». So eine Alternativplanung ist die Entscheidungsgrundlage, die Ihr Auftraggeber braucht und will. Sobald das Planungspapier vorliegt, haben Sie eine Diskussionsgrundlage.

Doch viele Projektmanager werden schlicht durch die Projektvorgaben überrascht. Sie bekommen das Projekt, fangen an zu planen, fallen vor Schreck vom Hocker und rennen kopflos zum Auftraggeber: «Chef! Chef! Das geht ja gar nicht!» Das ist ein Eigentor. Inzwischen wissen Sie: Nicht meckern, sondern immer alles auf den Tisch bringen.

Theoretisch gilt die Ressourcenfalle für alle Ressourcen. Also für Geld, Zeit und Personalkapazität. Praktisch läßt sich jedoch immer irgendwo ein bißchen Geld lockermachen, und Termine kann man strecken. Aber wenn man die Leute nicht hat, dann hat man ein echtes Ressourcenproblem.

Warum so passiv?

Die Ressourcenfalle taucht bei fast jedem Projekt auf. Es sind nie genügend kompetente Leute da, um das Projekt locker ins Ziel zu bringen. Einige Projektmanager laufen mit dieser Erkenntnis kopflos zum Auftraggeber, sobald sie den Engpaß bemerken. Viele Projektmanager bemerken jedoch den Engpaß und bleiben regungslos sitzen. Sie verhalten sich passiv und wehren sich nicht. Das ist ungesund.

Es ist besser, zu Beginn des Projektes hart mit dem Auftraggeber über Ressourcen und eine etwaige 60-Prozent-Lösung zu verhandeln, als am Ende des Projektes festzustellen, daß man es nicht schaffen wird. Dann hat man keine Zeit mehr, und das Budget ist auch aufgebraucht. Die Möglichkeiten zur Rettung sind drastisch gesunken. Außerdem gibt es einen Mordskrach, wenn der Auftraggeber tobt: «Wieso sagen Sie mir das jetzt erst, daß Sie zu wenige Leute haben?» Je länger Sie warten, desto größer wird der Krach.

Viele Projektmanager gehen mit dieser passiven Einstellung an ihre Aufgabe heran. «Augen zu und durch.» Doch je länger Sie die Augen verschließen, desto größer werden Ihre Probleme. Warum klärt man nicht gleich zu Beginn den Konflikt, solange er noch klein ist? Warum wartet man so lange, bis es gegen Projektende zum großen Krach kommt? Jeder Konflikt war mal ein Konfliktchen. Wer den Konflikt zu Beginn klärt, hat gleich zu Beginn ein unangenehmes Erlebnis, dafür aber eine ruhige zweite Projekthalbzeit. Wer zu Beginn untätig bleibt, wartet aufs dicke Ende. Aber diese Einsicht fällt vielen Projektmanagern schwer. Sie halten es mehr mit der Lemming-Mentalität: Augen zu und losgetrabt bis zum Großen Knall. Warum?

Konfliktfähigkeit ist zum einen ein persönlicher Entwicklungsprozeß. Die meisten von uns können sich famos zanken, aber sie können keine Konflikte klären. Das kann frau/man aber lernen wie Autofahren, Tennisspielen oder die Infinitesimalrechnung. Zum anderen hängt diese passive Lemming-Haltung auch mit der 3-K-Unternehmenskultur zusammen:

Wie ist die **K**ommunikation im Unternehmen?
Wie gut **k**ooperieren die Leute?
Wie gut klären sie **K**onflikte?

Tip für Topmanager: Lieben Sie Lemminge?

Wenn Topentscheider schwach in den drei K sind, also «Ober sticht Unter» spielen, dann fördern sie damit Lemming-Verhalten. Ihre Projektmanager werden passiv und lassen die Projekte ins Messer laufen. Es ist Unsinn, wenn Sie von Ihren Projektmanager fordern, «mitzudenken» und gleichzeitig Ihre drei K schleifen lassen.

Es zählt nie, was man sagt, und immer, was man tut. Wenn Sie mit Ihrem Projektmanager kooperativ kommunizieren, wenn dieser die schlechte Nachricht bringt, und den Konflikt ohne Gesichtsverlust für beide klären, dann ermuntern Sie ihn damit am besten, Ihnen auch künftig sofort und rechtzeitig zu melden, wenn die Ressourcenfalle droht. Wenn Sie die drei K schleifen lassen, erziehen Sie Duckmäuser und lassen Ihre Projekte gegen die Hausmauer laufen.

Auf einen Blick: Die Ressourcenfalle

💣 **Gefahr:**

Sie bekommen ein Projekt, aber viel zu wenig Ressourcen. Sie sind stinksauer, rennen sofort in die Realisierung, schaffen es nicht und bekommen darauf was zu hören.

☺ **Abhilfe:**

- Nicht losrennen, sondern Problem sofort auf den Tisch bringen.
- Und zwar als Alternativplanung, z.B.: Wenn die Personalkapazität fix ist, ist das Projekt dann vielleicht mit a) mehr Geld (Zukauf von außen), b) Terminverlängerung oder c) sinnvoller Zielkürzung (60-Prozent-Lösung) doch realisierbar?

Multiprojekt-Management
für Topmanager

20 Die Hitliste der Projekte

Die totale Intransparenz

Als Topmanager haben Sie nicht nur ein Projekt. Sie haben viele. Haben Sie den Überblick? Wissen Sie aus dem Stand, wie viele Projekte Sie haben? Welche Ziele diese verfolgen? Wann sie reif werden? Was sie dem Unternehmen im Endeffekt bringen werden?

Ärgern Sie sich nicht. Die wenigsten Manager haben in diesem Punkt den Überblick. Die meisten Unternehmen machen Projektmanagement nach dem Motto: Eins geht immer noch rein. Die Folgen:

- Projekte überschneiden sich.
- Nicht selten bearbeiten zwei Projekte identische Ziele.
- Viele Projekte sind sinnlos.
- Es gibt U-Boot-Projekte.
- Neue Projekte werden begonnen, die Ressourcen von alten Projekten abziehen und die alten damit gefährden oder verzögern, ohne daß jemand die Konsequenzen erkennt.

Die Auswirkungen auf Führungskräfte und Mitarbeiter sind verheerend. Alle stöhnen. Niemand will sich mehr als Projektmanager zur Verfügung stellen. Alle jammern: «Nein, nicht schon wieder ein Projekt! Wir haben viel zu viele. Da blickt doch keiner mehr durch!» Auch die Auftraggeber selbst stöhnen über die Unübersichtlichkeit und die massiv auftretenden Nebenwirkungen. Aber was will man machen? Der wichtige Kunde will diese Extrawurst, und da die Linie hoffnungslos überlastet ist, muß eben wieder das Projekt den Ausputzer spielen.

Alle stöhnen, aber keiner kann sagen, woran das denn nun genau liegt. Denn die Projekte sind alle mehr oder weniger wichtig. Auf keines könnte man so ohne weiteres verzichten, aber irgendwie kann es so auch nicht weitergehen. Alle fühlen sich überlastet, aber keiner kann diese Überlastung transparent und damit handhabbar machen. Deshalb ist Transparenz das erste Gebot des Multiprojekt-Managements.

Wer will Transparenz?

Wenn alle über Intransparenz klagen, warum beseitigt sie dann keiner? Weil Transparenz, wie wir schon mehrfach gesehen haben, für manche Menschen gefährlich erscheint. In den meisten Unternehmen möchten die Topmanager Transparenz. Sie möchten wissen, was in ihrem Laden läuft. Die «Indianer», also die «gewöhnlichen» Mitarbeiter, möchten das auch. Dazwischen steckt die Lehmschicht des Mittelmanagements, die manchmal Transparenz fürchtet wie der Teufel das Weihwasser.

Wenn plötzlich transparent würde, wieso einige Projekte an ganz bestimmten Stellen in der Linie festhängen, dann würde auch transparent, daß die Linie an diesen Stellen schlecht gemanagt ist. Vielleicht ist das noch nicht einmal so, vielleicht fürchten das die Mittelmanager auch nur. Aber allein diese Befürchtung reicht aus, um die schützende Intransparenz zu erhalten. Die Mittelmanager haben schlicht Angst vor der Transparenz. Sie fürchten, daß bei klaren Sichtverhältnissen auch klare Sicht auf ihre Fehler herrscht. An dieser Befürchtung scheitern viele Versuche des Topmanagements, Transparenz im allgemeinen und Multiprojekt-Management im besonderen zu implementieren.

Die Furcht zerstreuen

Wer als Topmanager Transparenz will, muß erst seinen Mittelmanagern die Furcht davor nehmen. Viele Mittelmanager fragen mich: «Wenn jetzt die EDV zur Projektüberwachung genommen wird – diskutieren wir dann auch, wieso Projekte in der Vergangenheit schiefgelaufen sind?» Die Angst steht ihnen ins Gesicht geschrieben. Solange sie diese Angst haben, werden sie die Transparenz nach Kräften sabotieren.

Deshalb funktioniert Multiprojekt-Management nur in Unternehmen, die vorher eine Generalamnestie erlassen: «Vergangenheitsbewältigung bringt nichts. Wir lassen die Fehler der Vergangenheit ruhen. Jetzt geht der Blick nach vorn.»

Prioritäten setzen

Multiprojekt-Management heißt, Ordnung in den Wirrwarr aus Projekten zu bringen. Was heißt Ordnung? Daß man alle Projekte alphabetisch ordnet? Daß man sie nach Laufzeiten ordnet? Das sind sicher hübsche, aber nicht besonders nützliche Ordnungskriterien.

Ressourcen sind kurzfristig ein Nullsummenspiel. Jedes neue Projekt zieht Ressourcen von alten Projekten oder aus der Linie ab. Da wäre es unklug, wenn ich für ein ziemlich unwichtiges neues Projekt von einem hochwichtigen alten Projekt Leute abziehen würde, oder? Also muß ich wissen, welche Projekte wichtig und welche weniger wichtig sind. Das ist eine schwierige Entscheidung. Denn fast jeder Projektmanager behauptet: «Ich habe ein ganz wichtiges Projekt. Der Vorstand höchstpersönlich hat es mir gegeben!»

Wann ist ein Projekt wichtig? Wenn es ein Vorstand in Auftrag gab? Wenn es ein neues Produkt entwickelt? Wenn es neue Märkte erschließt? Wenn es die Prozesse beschleunigt? Ein Projekt kann nur wichtig sein, wenn es ein wichtiges Unternehmensziel betrifft, und die wichtigsten Unternehmensziele stehen in der Strategie: Wo will das Unternehmen langfristig hin?

1. Ordnungskriterium: strategischer Nutzen

Die Sache mit der Strategie ist nun allerdings ein Problem. In vielen Unternehmen herrscht ein bunter Projektwirrwarr, weil eben niemand so recht weiß, wohin das Unternehmen denn langfristig will. Wenn ich in Workshops mit Managern die Frage der Strategie anschneide, dann herrscht oft Ratlosigkeit: «So ganz klar ist uns die Strategie nicht. Die steht nirgends deutlich genug aufgeschrieben.» Wer nicht weiß, wohin er will, weiß auch nicht, ob ihn ein Projekt auf diesem Weg weiterbringt oder eher aufhält. Daher die vielen widersprüchlichen oder unsinnigen

Projekte in einem Unternehmen. Wo keine klare Strategie herrscht, kann jeder Topmanager sein persönliches Hobby zum Projekt machen.

Nun ist es ein bißchen viel verlangt, wegen des Überblicks über die Projekte erst eine Strategie zu formulieren. Strategiediskussionen dauern tendenziell endlos und binden das Topmanagement auf unbestimmte Zeit. Meist braucht man aber möglichst schnell Ordnung im Projektwirrwarr. Also trifft man Annahmen bezüglich der Strategie:

- Wollen wir in neue Märkte?
- Oder wollen wir bestehende ausbauen?
- Wollen wir Marktführer in bestimmten Segmenten werden?
- Wollen wir Kosten- oder Innovationsführer sein?
- Wollen wir Spezialanbieter sein?
- Oder liefern wir «Alles aus einer Hand»?
- Liefern wir hochpreisige Individuallösungen oder preisgünstige Massenlösungen?

Es gibt etliche dieser strategischen Annahmen, aus denen Topentscheider – so sie ihr Projektmanagement auf Vordermann bringen wollen – eine brauchbare Arbeitshypothese für die Strategie ihres Unternehmens basteln können. Steht diese Hypothese, dann wird meist auf einen Blick glasklar, welche Projekte die strategische Zielerreichung

- entscheidend vorantreiben
- schwach bis überhaupt nicht vorantreiben
- sogar behindern, weil sie in die völlig falsche Richtung zielen.

Klar wird damit, wie stark einzelne Projekte der Strategie dienen. Und das ist wichtig. Denn Ordnung im Projektwirrwarr bedeutet konkret, daß wir am Ende eine Klassifizierung haben wollen. Je höher die Klasse, desto strategisch wichtiger das Projekt.

Klasse 3: hohe strategische Bedeutung
Klasse 2: Projekte mit akzeptabler strategischer Bedeutung
Klasse 1: Projekte mit kaum bis keiner strategischen Bedeutung

Doch nicht nur der strategische Nutzen ist ein Ordnungskriterium für Projekte. Es gibt noch andere.

2. Kriterium: die Laufzeit

Die Projektlaufzeit ist ein zusätzliches Kriterium. Projekte, die länger als zwei Jahre laufen, sind problematisch. In zwei Jahren verschwinden ganze Märkte und kommen drei neue Computergenerationen auf den Markt. Zwei Jahre sind eine mächtig lange Zeit in unserer hochdynamischen kleinen Welt. Meist sind 18 Monate eine praktikable Wasserscheide. Alles, was bis 18 Monate läuft, ist für ein Unternehmen interessant. Projekte mit längeren Laufzeiten haben etwas Utopisches an sich. Es sei denn, es sind explizit ausgewiesene Langzeitprojekte zur Entdeckung neuer Geschäftsfelder oder Märkte.

Die Projektlaufzeit ergibt eine weitere Klassifizierung Ihrer Projekte. Wie Sie die Intervalle einteilen, bleibt Ihnen und Ihrem Gremium überlassen. Denkbar ist beispielsweise:

Klasse 3: Laufzeit unter 18 Monaten
Klasse 2: Laufzeit zwischen 18 und 28 Monaten
Klasse 1: Laufzeit 28 Monate und länger

3. Kriterium: der Aufwand

Dieses Kriterium ist in Zusammenhang mit dem strategischen Nutzen (1. Kriterium) interessant. Wenn ich ein strategisch bedeutsames Projekt mit 20 Millionen DM Aufwand habe und ein strategisch bedeutsames Projekt mit 5 Millionen Aufwand, dann ist ziemlich klar, welches den höheren Rang einnimmt, nicht?

Jedenfalls läßt sich mit Hilfe dieses Kriteriums ebenfalls eine Klassifizierung Ihrer Projekte erstellen, beispielsweise so:

Klasse 3: Aufwand unter 5 Millionen
Klasse 2: Aufwand zwischen 5 und 10 Millionen
Klasse 1: Aufwand über 10 Millionen

4. Kriterium: der Zielbeitrag

Es ist eine banale Frage, aber sie wird oft nicht gestellt: Was bringt das Projekt dem Unternehmen konkret? Man unterstellt ja immer, daß die bösen Kapitalisten nur am Profit interessiert sind. Manch einer würde sich wundern, wenn er wüßte, daß viele Unternehmen sich überhaupt nicht nach dem zu erwartenden Profit – Deckungsbeitrag (DB) auf kostenrechnerisch – richten, weil sie ihn gar nicht kennen. Deshalb begnügen sich viele Unternehmen mit der Umsatzerwartung des Projektergebnisses.

Egal, welche Zielgröße Sie benützen, sie liefert Ihnen auf jeden Fall eine weitere Klassifizierung. Gerade hier sind die quantitativen Klassifizierungsintervalle stark unternehmensspezifisch. Für manches Unternehmen ist ein Projekt mit sieben Prozent DB-Erwartung phantastisch. Andere Unternehmen (in anderen Branchen vielleicht) lachen darüber nur. Entweder bitter oder amüsiert. Welche Grenzen sinnvoll sind, können wiederum nur Sie entscheiden.

Weitere Kriterien

Welche und wie viele Kriterien Sie für die Klassifizierung Ihrer Projekte benützen, ist Ihre Sache. Und die Ihrer Kollegen. Denn es ist absolut empfehlenswert, für das Multiprojekt-Management das ganze Topmanagement zum Konsens zu vereinen. Das ist zwar mit Verhandlungsaufwand verbunden. Doch dieser ist gut angelegt, denn sonst provoziert man einsame Entscheidungen und resultierende Querschläger. Führende Unternehmen holen sich für Strategiediskussionen hochkompetente, externe Moderatoren ins Haus.

Unternehmensspezifische Rangkriterien ergeben sich immer aus der unternehmensspezifischen Situation und Strategie. Weitere Kriterien können beispielsweise das Einsparungspotential eines Projektes sein oder sein Know-how-Gewinn fürs Unternehmen. Generell gilt, daß sämtliche Kriterien herangezogen werden können, die

- vom Topmanagement als wichtig erachtet werden
- sich quantitativ darstellen lassen
- nicht ihrerseits durch ihre Anzahl den Überblick verschleiern.

Die Gewichtung der Kriterien

Sie haben Ihre Klassifizierungskriterien und Sie haben Ihre Projekte danach klassifiziert. In unserem Fall sind es vier Kriterien:

- Strategische Bedeutung
- Laufzeit
- Aufwand
- Zielbeitrag

Jedes Projekt ist je Kriterium einer Klasse zugeordnet. Das schafft noch nicht die Transparenz, die Sie sich wünschen. Denn am Ende möchten Sie eine «Hitliste» der Projekte sehen. Die rechnerische Aufgabe lautet also: Aus vier mach eins. Aus vier Klassen soll eine Rangzahl entstehen. Das erreichen Sie, indem Sie die (vier) Kriterien gewichten. Was ist das wichtigste? Das zweitwichtigste?... Das macht man je Projekt. Also für Projekt X beispielsweise so:

1. Kriterium (Strat. Bedeutung)	40%
2. Kriterium (Laufzeit)	30%
3. Kriterium (Aufwand)	20%
4. Kriterium (Zielbeitrag)	10%
	100%

Die Gewichtungen müssen sich immer zu hundert Prozent addieren. Es erleichtert Ihnen die Gewichtung der Kriterien je Projekt, wenn Sie die Kriterien paarweise vergleichen:

1 oder 2 – welches Kriterium ist für dieses Projekt wichtiger?
2 oder 3 – welches Kriterium ist für dieses Projekt wichtiger?
Und so weiter.

Dann multiplizieren Sie mit der Gewichtung die jeweilige Klassifizierung des Projektes. Also für Projekt X beispielsweise:

1. Kriterium (Strat. Bedeutung)	40% x Klasse 2 =	80
2. Kriterium (Laufzeit)	30% x Klasse 3 =	90
3. Kriterium (Aufwand)	20% x Klasse 3 =	60
4. Kriterium (Zielbeitrag)	10% x Klasse 1 =	10
		240

Für jedes Projekt erhalten Sie so eine Zahl. Die Entscheidungsregel ist dann einfach: Die höchste Zahl gewinnt. Das Projekt mit der höchsten Zahl nimmt Rang 1 ein. Es hat die höchste Priorität.

Zwei Projekte – eine Zahl

Natürlich kommt es häufig vor, daß zwei Projekte dieselbe Zahl erhalten. Das ist nicht weiter schlimm. Eine Rangliste können Sie trotzdem erstellen. Das ist wie bei einem Rennen. Wenn mehrere Läufer gleich schnell sind, werden manche Plätze eben mehrfach vergeben.

Sie können die Mehrfachbelegungen jedoch reduzieren, indem Sie die Kriterien schärfer machen. Beispielsweise legen Sie bei der Laufzeit die Latte für die Klasse 3 von 18 Monaten auf 14 Monate. Sie können Schritt für Schritt die Kriterien verschärfen. An der Weise, wie sich Ihre Rangfolge verändert, sehen Sie die Priorität Ihrer Projekte immer deutlicher. Das Projektdurcheinander wird transparent. Sie sehen jetzt deutlich, welche Projekte wichtig, welche weniger wichtig und welche überhaupt nicht wichtig sind. Und vor allem: Alle anderen sehen es auch. Die ewigen Streitereien «Meines ist wichtiger als deines!» werden unterbunden.

Pflege und Nutzen der Transparenz

Unternehmen mit Erfahrung in Multiprojekt-Management lassen es bei der einmaligen Ranglistung nicht bewenden. Denn Laufzeiten, Aufwand, strategische Bedeutung und wahrscheinlicher Zielbeitrag der Projekte können sich laufend verändern. Deshalb werden periodisch, beispielsweise halbjährlich, die Projekte neu bewertet. Da das bei 100 Projekten einige Arbeit macht, übernimmt das eine eigene Arbeitsgruppe.

Die Vorteile dieser Transparenz liegen auf der Hand. Die Frage, ob man für ein neues Projekt von einem alten wie viele Leute abziehen soll/kann/darf, erledigt sich ganz schnell, wenn das alte Projekt auf Rang 11 steht und das neue auf Rang 38 kommt. Die ganzen Verteilungskämpfe und Streitereien werden so unterbunden.

Außerdem sparen Sie Zeit und Geld. Denn wenn eine neue Projektidee vorgeschlagen wird, müssen Sie nicht erst eine Projektgruppe ein halbes Jahr beschäftigen, bevor Sie merken, daß die Idee nichts taugt. Dann sind schon Zehntausende Mark vergeudet. Eine durchaus verbreitete Praxis. Mit der Ranglistung sehen Sie schon nach einigen Tagen Grobplanung, wie die Erfolgsaussichten des Projektes sind. Sie können es also aufgeben, noch bevor es nutzlos Kapazitäten bindet.

Ein schöner Nebeneffekt der Priorisierung von Projekten ist auch die Verlagerung der Kapazitätsplanung in die Bereiche. Wenn ein Bereichsleiter für ein Projekt mit Rang 14 bei Projekten mit den Rängen 45, 48 und 52 Kapazitäten abzieht, dann ist er fein raus. Niemand kann ihm deshalb Vorhaltungen machen. Wenn sich alle Topmanager an die Prioritäten halten. Das ist ein großes Wenn.

Transparenz ist lästig

Stellen Sie sich vor, die Projekte auf den Rängen 45, 48 und 52 sind alle von einem ganz bestimmten Auftraggeber. Diesem fällt es natürlich schwer, sich an die Prioritäten zu halten. Denn «seine» Projekte müssen bluten. Die Leute in den Bereichen freuen sich über die Transparenz: Das vormals hochwichtige Vorstandsprojekt liegt laut Rangliste ja nur auf Platz 52. Also kann man ungestraft Kapazität abziehen für wichtigere Projekte. Doch genau diese Transparenz ist für den Auftraggeber, dessen Projekte betroffen sind, nur schwer zu ertragen.

Früher galt das Projekt als hochwichtiges Vorstandsprojekt. Durch die Rangliste ist es quasi als vernachlässigbares, politisches Projekt enttarnt. Das ist manchem Hierarchen unangenehm, weshalb in vielen Unternehmen kein Multiprojekt-Management stattfindet. Multiprojekt-Management ist entweder ein Mannschaftsspiel, dann halten sich alle daran. Oder es ist ein Hierarchenspiel, dann halten sich «die da oben» nicht daran – das resultierende Projekt-Tohuwabohu kennen Sie.

Auf einen Blick:
Die Hitliste der Projekte

💣 **Gefahr:**

Es herrscht Intransparenz. Keiner weiß so genau, wie viele Projekte im Unternehmen kursieren, welche davon strategisch, welche wichtig und welche schlicht unnötig sind.

☺ **Abhilfe:**

- Priorisieren Sie die Projekte. Erstellen Sie eine Hitliste und verteilen Sie knappe Ressourcen anhand dieser Liste.
- Einigen Sie sich dafür auf konsensfähige Kriterien.
- Doch Vorsicht: Nicht jedes Unternehmen verträgt die resultierende Transparenz. Deshalb wursteln viele lieber weiter vor sich hin.

21 Die Steuerungssitzung

Die Torwächter des Projektmanagements

Die große Gefahr beim Projektmanagement ist: Man packt so lange noch ein Projekt drauf, bis die ohnehin ächzende Personaldecke völlig zusammenbricht. Dann gehen nicht nur viele Projekte baden, auch die Linie reagiert mit Lieferverzögerungen, wachsender Fehlerquote, steigendem Krankenstand, Unfällen und Personalfluktuation. Um das zu vermeiden, gibt es in vielen Unternehmen ein Steuerungsgremium.

Dort sitzen quasi die Torwächter des Projektmanagements. Das sind im Idealfall entscheidungskompetente Leute aus der Linie, ergänzt durch Mitglieder der Geschäftsführung. Im Normalfall sind es Stellvertreter von entscheidungskompetenten Leuten und nicht entscheidungskompetente Leute. Nicht immer haben die kompetenten Leute Zeit, dabeizusein. Wenn sie unerfahren sind, schicken sie einen Stellvertreter, der von Tuten und Blasen keine Ahnung hat und deshalb nicht entscheiden darf. Das kommt immer darauf an, wie ernst die Topmanager ihre Führungsaufgaben nehmen.

In der Steuerungssitzung wird entschieden, ob eine neue Projektidee noch «draufgepackt» werden kann. Um das objektiv tun zu können, arbeitet man mit der Rangliste der Projekte. Das schmeckt einigen Hierarchen nicht. Denn mit Hilfe der Rangliste sind Hobby- und Lobbyprojekte sofort erkennbar: Sie landen ganz weit hinten. Diese Transparenz stört einige Manager. Denn sie pflegen mit ihren Projekten ihre Hobbys, ihre persönlichen Interessen, ihre Machtspiele, ihre Karriere und ihr Image. Unternehmen sollen nur am Gewinn interessiert sein? Unternehmen vielleicht, einige Manager nicht unbedingt. Es ist schön, wenn das Unternehmen Gewinn macht, doch Macht, Karriere und Image sind mit dem Gewinn konkurrierende Variablen in der persönlichen Zielfunktion von Managern.

Hier wird das Projekt geprüft

Manager, die Gewinn und nicht Prestige wollen, benutzen die Steuerungssitzung, um neue Projektideen zu prüfen: Hat das Projekt eine Chance? Dazu wird es anhand der vereinbarten Kriterien auf den ersten Blick geprüft. Wenn dabei ein Rang ganz vorne herauskommt, wird ein Planungsteam beauftragt, das Projekt einige Tage genauer zu untersuchen. Bestätigt sich dabei die vordere Plazierung, kann das Projekt in Auftrag gegeben werden.

Das spart eine Menge Geld und Zeit. Denn üblicherweise wird ein Projekt ohne große Prüfung hereingenommen, bis dann nach einigen Monaten und vielen tausend DM jemand feststellt, daß man eine Niete gezogen hat. Dann wird das Projekt eingestellt, doch der Schaden ist schon passiert. Also: Erst denken, dann handeln. Die Steuerungssitzung ist der Ort dazu.

Hier muß der Projektmanager antanzen

Die Steuerungssitzung ist das Gremium, vor dem jeder Projektmanager mindestens zweimal im Projektleben erscheinen muß. Zur Übergabe und zur Abnahme des Projektes. Bei der Projektübergabe muß der Projektmanager erscheinen, «damit er sieht, was ihm blüht», wie ein Bereichsleiter es ausdrückte. Das ist richtig, aber nur die halbe Wahrheit.

Viele Auftraggeber belassen es bei dieser halben Wahrheit. Sie lassen den Projektmanager antanzen, laden ihm das Projekt auf und kürzen gleich mal das Budget um die Hälfte. Wie sich der Projektmanager danach fühlt, können Sie sich vorstellen. Wie motiviert er danach sein Projekt managt und mit welchem Ergebnis es ankommt, können Sie sich ebenfalls denken. Sie können es, die erwähnten Auftraggeber nicht.

Erfahrene Topmanager machen es anders. Sie wissen, daß die Motivation des Projektmanagers über den Projekterfolg entscheidet. Also benutzen sie die Steuerungssitzung als Motivationsinstrument. Sie übergeben das Projekt und stärken dem Projektmanager gleichzeitig den Rücken. Sie braten ihm keine Budgetkürzung über, sondern diskutieren mit ihm die Konsequenzen einer Budgetkürzung für die vier Stellschrauben. Sie geben ihm die Botschaft: «Du bist nicht allein!» Denn das ist der häufigste Motivationskiller für Projektmanager: Sie fühlen sich allein gelassen und überfordert.

Hier sitzen die Motivationskiller

Wovon, glauben Sie, hängt die Motivation eines Projektmanagers am stärksten ab? Von einem satten Budget? Von kompetenten Teamkollegen? Von einem zügigen Projektfortschritt? Natürlich nicht. Erfahrene Manager wissen es: Von allen äußeren Faktoren hängt die Motivation eines Mitarbeiters am stärksten von seinem Vorgesetzten ab. Ist der Vorgesetzte demotivierend, dann ist der Mitarbeiter demotiviert. Wie der Herr, so sGscherr, sagt der Schwabe. Das klingt banal, ist aber schwer umzusetzen.

Denn außer bei Übergabe und Abnahme eines Projektes wird der Projektmanager immer dann vor die Steuerungssitzung oder zu seinem Auftraggeber gerufen, wenn Probleme in seinem Projekt auftauchen. Er wird «nach oben zitiert». Da steht er dann wie ein armer Sünder vor dem Großinquisitor und erwartet seine gerechte Strafe. Das ist Management by Mittelalter. Das Topmanagement spielt «Ober sticht Unter», will Kapazitätsengpässe in der Linie nicht wahrhaben und duldet keine Anpassung der Stellschrauben, auch wenn sie das Budget um die Hälfte kürzt.

Es ist klar, daß in der Steuerungssitzung ein ungeheures Motivationspotential schlummert. Einige wenige Topmanager wissen es zu wecken. Sie diskutieren offen und ehrlich mit ihren Projektmanagern, planen realistisch und verhandeln die Konsequenzen auf die Stellschrauben mit dem Projektmanager zusammen. Kein Wunder, daß die Projekte schnell und erfolgreich ablaufen. Denn die Projektmanager merken, daß hier keine Machtspiele ablaufen, sondern daß sie mit den Topmanagern ganz vernünftig reden können. Das motiviert am stärksten. Umgekehrt gilt: Eine Unkultur in der Steuerungssitzung verursacht eine Unkultur im Projekt. Und eine Unkultur im Projekt verursacht Mißerfolg.

Die Steuerungssitzung ist ein mächtiges Instrument für die Pflege einer motivierenden Management-Kultur. Nutzen Sie dieses Instrument?

Wie oft soll die Steuerungssitzung stattfinden?

Einmal im Quartal ist zu wenig. Innerhalb eines Quartals kippen ganze Märkte und drehen sich Projekte um 180 Grad. Aber wie oft ist oft genug? Dafür gibt es einen einfachen Anhaltspunkt: die Prozentregel. Es gibt Unternehmen, bei denen 80 Prozent ihrer Kapazität von Projekten in Anspruch genommen werden. Bei anderen Unternehmen sind es 20 Prozent. Und genausoviel Zeit sollten Sie auch für das Multiprojekt-Management aufwenden. Wenn Sie 20 Prozent Kapazität für Projekte freistellen, dann stellen Sie auch 20 Prozent Zeit für deren Steuerung frei. Also einen ganzen Tag pro Woche. Theoretisch.

Denn meist schaffen es die Topentscheider nicht, sich einmal in der Woche zu treffen. Einmal in zwei Wochen funktioniert eher oder einen halben Tag pro Woche. Das sind zwei Tage pro Monat. Wenn Sie als Topentscheider nicht so viel Zeit für die Steuerungssitzung aufbringen, sollten Sie Projektmanagement bleibenlassen. Sie ersparen sich Enttäuschungen. Projektmanagement ist zwar oft eine Wunderwaffe, aber sie schießt nicht von alleine.

Wenn Sie erst auf der Sitzung anfangen, alle nötigen Informationen zusammenzutragen, brauchen Sie viel zu lange. Für die Vorbereitung ist Ihre Planungsgruppe zuständig, die auch das permanente Ranking der Projekte pflegt. Diese Gruppe fragt die einzelnen Projektmanager:

- Wie liegt dein Projekt?
- Planmäßig? Außerplanmäßig?
- Kriegst du's aus eigenen Bordmitteln wieder auf Kurs?

Sind die relevanten Daten beisammen, können Sie auf der Steuerungssitzung schnell und sicher entscheiden.

Sind Sie reif für Projektmanagement?

Viele Topmanager sind einsame Entscheider und sind es gerne. Sie sind Einzelkämpfer, keine Mannschaftsspieler. Deshalb kommen sie in der Steuerungssitzung oft nicht zu einem Konsens. Was passiert? Der Projektmanager muß es ausbaden. Wenn man sich oben mal wieder nicht über das Projekt einig wird, dann läßt man das Projekt in der Luft hängen. Die kulturelle Botschaft ist klar: Wenn die da oben sich nicht einigen können, dann müssen wir's hier unten auch nicht. Deshalb lassen auch die Bereichsleiter und die Teammitglieder das Projekt ohne schlechtes Gewissen hängen. Die da oben machen's doch auch! Vorgesetzte haben nun mal Vorbildfunktion, ob das den Vorgesetzten paßt oder nicht. Erfahrene Vorgesetzte wissen, daß ihre Fehler sich in der Organisation tausendfach verstärken. Dasselbe gilt natürlich auch für ihre richtigen Entscheidungen.

Am Gebaren der Steuerungssitzung sieht ein erfahrener Berater sofort, ob das Unternehmen reif ist für Projektmanagement. Ein erfahrener Berater fragt die Topmanager vor der Einführung von Projektmanagement:

- Wollen Sie das wirklich?
- Wollen Sie die Nebenwirkungen in Kauf nehmen?
- Wollen Sie mit der neuen Transparenz leben?
- Können Sie die Anforderungen erfüllen, die an Ihre eigene Führungskompetenz gestellt werden?

Wenn man sieht, was alles in Unternehmen unter dem Begriff «Projektmanagement» gemacht wird, dann ist klar, daß viele von ihnen eben nicht reif für Projektmanagement sind. Sie haben zwar etwas, was sie «Projekte» nennen. Doch weder die neue Transparenz wird geduldet, noch ganz oben ein Konsens vorgelebt, noch eine motivierende Kultur gepflegt. Es gibt viele Projekte und wenig Management.

Meiner Erfahrung nach wollen von zehn Unternehmen tatsächlich nur zwei richtiges Projektmanagement machen, das heißt die Konsequenzen ihrer Entscheidung tragen. Einige der Konsequenzen von Projektmanagement sind:

- Bislang tabuierte Mißstände werden plötzlich transparent.

- Oben muß Konsens gelebt werden.
- Die Leistungsfähigkeit der Linie steht täglich auf dem Prüfstand.
- Plötzlich wird Kooperation statt Konkurrenz verlangt.
- Die ganze Unternehmenskultur wird erschüttert.

Es ist mir schon passiert, daß Geschäftsführer auf die Aufzählung dieser Konsequenzen sagten: «Nein, dann lassen wir's lieber. Wenn das die Konsequenzen sind, sind wir noch nicht reif für Projektmanagement.» Andere Unternehmen bekennen sich voll zum Projektmanagement, mit allen Konsequenzen. Das sind vor allem Mittelständler. Also Unternehmen,

- die in hartem Wettbewerb stehen
- die motivierte und engagierte Geschäftsführer haben
- denen Gewinn und nicht Prestige wichtig ist
- die es verstehen, in ihr Humankapital zu investieren.

Unternehmen mit starker Hierarchie und zu viel Erfolg, wie Banken und Versicherungen, wollen meist nicht wirklich Projektmanagement machen. Sie laufen einem Modebegriff hinterher. Sie testen Projektmanagement häufig nur mal so an, «falls wir es später brauchen». Das klingt logisch, ist es aber nicht. Denn die Mitarbeiter kommen begeistert aus dem Projektmanagement-Seminar, freuen sich auf die neue Selbstverantwortung in der Projektarbeit und erfahren dann, «daß alles nur ein Witz war» und die neue Transparenz niemand will. Das führt zu Frustration und Unruhe in den Abteilungen. Qualifikation läßt sich nicht auf Halde produzieren.

Wieviel Zeit pro Projekt?

Nehmen wir an, Sie haben zur Zeit 60 Projekte in Ihrem Unternehmen. 30 bis 40 Prozent weichen vom Projektplan ab. Das ist eine realistische Annahme. Wenn also 24 Projektmanager zum Rapport eingeladen werden und Sie sich Zeit von 8.30 bis 17.30 Uhr nehmen, dann bleiben Ihnen – abzüglich einer Stunde Mittagspause – acht Stunden für 24

Projekte. Das macht drei Projekte pro Stunde. Ziemlich heftig, nicht? Egal, wie Ihr Zeitplan aussieht, Sie werden immer wieder in die Nähe derselben Zahl kommen: 20 Minuten pro Projekt.

Diese Zahl erschreckt Projektmanager oft: «Das ganze Projekt in 20 Minuten abspulen? Das geht doch nicht.» Denen erwidere ich: «Was Sie in zehn Minuten nicht auf den Punkt bringen, bringen Sie in drei Stunden auch nicht auf den Punkt.» Denn tatsächlich hat jeder Projektmanager nicht 20, sondern nur 10 Minuten Zeit:

- 10 Minuten stellt der Projektmanager den Status quo dar.
- 10 Minuten lang wird die Entscheidung verhandelt.

Wenn Sie erfahrenen Projektmanagern zuhören, dann werden Sie sich wundern, wie schnell diese in wenigen Sätzen

- den Stand des Projektes
- die aktuellen Engpässe
- deren Ursachen
- und Optionen zu deren Behebung

herunterrattern und prägnant visualisieren können. Manchmal kommen solche Meister des Projektmanagements mit weniger als zehn Minuten aus. Das ist keine Hexerei! Es ist lediglich eine Frage

- der sorgfältigen Vorbereitung: Was ist das Wesentliche?
- der Arbeitstechnik: Wie stelle ich das prägnant dar?

Gute Projektmanager sind genau in diesen zwei Punkten kompetent. Wer das als Topmanager weiß, kann sich die richtigen Kandidaten heraussuchen. Er kann aber auch die anderen Kandidaten schulen lassen. Beispielsweise in Arbeitstechniken. Das tun clevere Topmanager auch. Denn sonst müssen sie die Vielschwätzer oder Rumdruckser in der Steuerungssitzung ertragen. Auf den Trick mit der Schulung kommen die meisten Topmanager noch. Einen anderen Trick kennen die wenigsten.

Der Trick lautet: «Wie Manager in den Wald hineinruft, so schallt es zurück.» Wenn die Steuerungssitzung eine Versammlung von Vielschwätzern und Rumdrucksern ist, dann quasseln und drucksen selbst geschulte Projektmanager nach einiger Zeit wieder. Es wird ihnen ja vorgemacht! Deshalb besuchen erfahrene Topmanager ebenfalls Trainings zum Projektmanagement. Manchmal separat, um unter sich zu sein, manchmal zusammen mit ihren Projektmanagern, um den Teamgedanken vorzuleben.

Es zeigt sich immer wieder, daß alles Training der Welt nichts nützt, wenn die Topmanager in der Steuerungssitzung den Trainingseffekt wieder zunichte machen. So wie Sie auf der Steuerungssitzung Ihre Projektmanager erziehen, so werden diese. Wenn Sie auf der Steuerungssitzung sich aufs Wesentliche konzentrieren und realistisch reden, dann tun das Ihre Projektmanager auch. Wenn Sie in der Steuerungssitzung einen Topjob abliefern, tun das die Leute im Projekt auch. Deshalb ist die Steuerungssitzung so wichtig. Hier wird die Kultur gelebt, die das Projektmanagement zum Erfolg bringt. Die Steuerungssitzung ist quasi das oberste Forum für Organisations- und Personalentwicklung. Das stellt zwar hohe Anforderungen an Ihre Führungskompetenz, es kann aber auch eine Menge Freude machen.

Wer moderiert die Steuerungssitzung?

Was heißt das, daß die Topmanager in der Steuerungssitzung einen Topjob abliefern müssen? Nun, sie müssen all die Arbeitstechniken vorleben, die sie auch von einem Projektmanager erwarten. Beispielsweise muß jemand moderieren. Aber nicht irgend jemand. Es muß schon ein erfahrener Moderator sein, der die Mächtigen des Unternehmens moderiert. Firmen wie Daimler-Benz oder BMW laden sich für Steuerungssitzungen einen externen Moderator ein. Dieser ist dann versiert, erfahren und mutig genug

- auf die Konzentration auf das Wesentliche zu drängen
- immer die Uhr im Auge zu haben
- auf den Maßnahmenplan zu pochen
- die Regeleinhaltung durchzusetzen
- die Sitzung innerhalb der vorgebenen Zeit ins Ziel zu bringen.

Auf einen Blick: Die Steuerungssitzung

💣 Gefahr:

Die Geschäftsführung macht aus einer guten Idee ein Projekt. Nach einigen Monaten hat man Millionen verloren, weil sich die Idee als doch nicht so gut herausstellt.

☺ Abhilfe:

- Erst denken, dann handeln. Die Steuerungssitzung ist der Ort dazu. Hier wird fundiert entschieden, was nur eine gute Idee und was ein erfolgversprechendes Projekt ist.
- Außerdem ist die Steuerungssitzung das oberste Gremium für Projektmanagermotiviation.
- Daumenregel für die Häufigkeit der Sitzung: ein halber Tag pro Woche.
- Daumenregel für die Dauer: 20 Minuten pro Projekt.
- Die Steuerungssitzung bestimmt die Projektkultur. Wenn Topmanager hier quasseln und drucksen, dann quasseln und drucksen auch die Projektmanager und ihre Teams.
- Für Steuerungssitzungen sollte man einen erfahrenen (externen) Moderator beiziehen.

22 Ein Schlußwort: Packen Sie's an!

Ein bißchen Zivilcourage

Sie haben nun eine Menge über gutes Projektmanagement gelesen. Sie haben Zeit und Gedanken in Ihre Lektüre investiert. Jetzt brauchen Sie noch ein bißchen Mut, um das umzusetzen, was Sie gelesen haben. Vom Lesen wird man zwar klüger, aber nicht unbedingt erfolgreicher. Projektmanagement lernen Sie nicht aus Büchern und Seminaren. Projektmanagement lernen Projektmanager nur, wenn sie Projektmanagement machen. Klingt das zu trivial für Sie?

Ich wette nicht. Denn viele Projektmanager sind stark verunsichert. Sie erkennen diese KollegInnen an ihrem Zaudern: «Ich bin noch nicht so weit. Ich brauche noch ein Seminar. Ich brauche eine bessere Software. Ich muß erst noch ein Buch lesen.» Da spricht die Angst. Es liegt zwar in der Hand jedes Projektmanagers, seine Arbeit richtig zu machen. Aber viele haben noch nicht den Mut, ihr Geschick selbst in die Hand zu nehmen.

Natürlich ist es bequemer, halbherziges Projektmanagement zu machen. Zu kuschen, wenn das Budget zusammengestrichen wird, oder Abweichungen im Projektplan zu vertuschen. Seine Arbeit richtig zu machen ist immer etwas unbequem. Oder wie Adenauer sagte: «Jeder Mensch hat eine Wirbelsäule, aber nicht jeder ein Rückgrat.» Sie gehören zu den wenigen, denn Sie haben sich bis zu dieser Seite durchgearbeitet. Das heißt, Sie sind nicht zufrieden mit dem, was täglich bei Ihnen abläuft. Sie möchten etwas ändern. Also tun Sie's. Aber fangen Sie es klug an. Wenn Sie Tennisspielen lernen wollen, ist es eher unklug, wenn Sie bei Ihrer ersten Trainingsstunde gleich den Club-Champion zum Duell fordern. Das kann nur schiefgehen. Gehen Sie klug vor:

- Nehmen Sie sich für den Anfang nicht Ihr schwierigstes Problem vor, sondern spielen Sie sich an kleineren Problemen warm. Erfolg schafft Erfolg. Sammeln Sie dort Erfahrung, wo ein Fehlschlag nicht schmerzt.
- Rechnen Sie mit Fehlschlägen, denn die gehören dazu. Wer keine Fehler macht, lernt auch nichts. Rückschläge sind die Regel. Schließlich sind die eingefahrenen Gewohnheiten sehr stark.
- Haben Sie Geduld. Ein guter Projektmanager wird man nicht über Nacht. Aber über 90 Nächte. Halten Sie drei Monate Ihr persönliches Change-Programm durch. Sie werden staunen, wie weit Sie in so kurzer Zeit kommen. Alles, was Sie dazu brauchen, ist ein bißchen Ausdauer.

Das waren einige allgemeine Tips, wie Sie Ihre Erfolgsaussichten steigern können. Im Detail hängt Ihre Erfolgsstrategie davon ab, ob Sie ein frischgebackener, ein erfahrener Projektmanager oder ein Topmanager sind.

Strategie für Frischgebackene

Wenn Sie damit rechnen, demnächst zum Projektmanager geschlagen zu werden oder wenn Sie sich noch als ziemlichen Neuling im Geschäft betrachten, dann beginnen Sie in kleinen Schritten. Schlagen Sie das Buch vor Projektstart auf und lassen Sie sich durch die Projektphasen begleiten. Packen Sie es in Ihren Aktenkoffer oder tragen Sie es unterm Arm mit. Dann können Sie vor jedem Meeting, jedem Problem oder jeder Projektphase nachschlagen. Sie können das vor, während und nach jedem kritischen Ereignis tun.

Wenn Sie wollen, kritzeln Sie Ihre eigenen Erfahrungen in die jeweiligen Kapitel. Legen Sie ein eigenes Projektjournal an. Dokumentieren Sie Ihre Erfahrungen. Lesen Sie, wenden Sie an, was Sie gelesen haben, und schauen Sie darauf, was Sie beim nächsten Mal anders oder besser machen wollen. Sie werden so Schritt für Schritt erfolgreicher.

Strategie für alte Hasen

Einige Projektmanager, die schon Erfahrung gesammelt haben und sich etwas zutrauen, gehen aus dem Projektmanagementseminar schnurstracks zum Chef und sagen ihm: «So geht das nicht weiter. Ich weiß jetzt, wo's langgeht. Also dies und das muß anders werden.» Für wie erfolgversprechend halten Sie diese Strategie?

Das ist eine typische Eigentorstrategie. Der Chef fühlt sich natürlich bedroht und kehrt seine Macht heraus: «Daß Sie ein Buch gelesen haben oder auf einem Seminar waren, heißt noch gar nichts. Das funktioniert bei uns doch alles überhaupt nicht. Machen Sie lieber Ihr Projekt zu Ende und lassen Sie mich in Ruhe.»

Also spielen Sie nicht den Besserwisser. Natürlich erkennen Sie nach der Buchlektüre den Projektreifegrad Ihres Unternehmens. Aber fangen Sie mit dieser Erkenntnis keinen Krieg an. Seien Sie schlauer. Beginnen Sie mit einer sauberen Projektdokumentation. Darüber haben Sie jetzt einiges gelesen. Natürlich wäre es ideal, wenn Ihnen Ihr Vorgesetzter klare Richtlinien geben würde. Aber das muß für den Anfang nicht unbedingt sein. Dokumentieren Sie einfach die Arbeitspakete:

- Welche Pakete gibt es?
- Wieviel davon ist schon erledigt?
- Wieviel ist noch zu erledigen?
- Ist je Paket die Zeit, das Budget und die Qualität zu schaffen?
- Ist genug Personalkapazität dafür vorhanden?

Zeigen Sie, falls vorhanden, die Abweichungen auf und zeigen Sie gleichzeitig mehrere Möglichkeiten je Abweichung auf, wieder in den Plan zu kommen. Sprechen Sie dann eine Empfehlung aus, beispielsweise: «Wie Sie sehen, können wir für das Paket 'Prototyp-Fertigung' noch zwei Leute freistellen oder die Leistung extern zukaufen oder das Ziel niedriger schrauben, indem wir beispielsweise das alte Chassis nehmen.»

Auf diese Weise setzen Sie Ihre Vorstellungen sehr viel eher durch, als wenn Sie den Schlaumeier spielen, der eben ein Buch gelesen hat und jetzt alles besser weiß. Zugegeben, das braucht mehr Zivilcourage, als zum Chef zu latschen und zu tönen: «Hee, hör mal...»

Noch ein Wort zu einem Sonderfall der Dokumentation. Wenn Sie tatsächlich anfangen, Ihr(e) Projekt(e) zu dokumentieren und dabei feststellen, daß ein bestimmtes Projekt nie und nimmer zu schaffen ist, dann melden Sie auch das Ihrem Auftraggeber. Aber niemals kategorisch. Zeigen Sie immer verschiedene Möglichkeiten auf: «Nochmals 100 000 DM reinbuttern bei ungewissem Ausgang oder das Ganze einfach einstellen, bevor es noch mehr Geld verschlingt.» Wenn Ihre Dokumentation tatsächlich zeigt, daß ein Projekt hoffnungslos ist, dann melden Sie es mutig. Ein Ende mit Schrecken ist immer noch besser als ein Schrecken ohne Ende.

Strategie für Topmanager

Inzwischen haben Sie viele Anregungen für die Steuerung Ihrer Projekte und das Führen Ihrer Projektmanager aufgepickt. Setzen Sie das um, was Ihnen aktuell weiterhilft. Oft haben schon kleine Änderungen große Wirkungen. Wenn ich Topmanager berate, dann frage ich am Ende der Beratung: «Sie haben jetzt gesehen, was gutes Projektmanagement ist. Können Sie sich vorstellen, sich dafür Zeit zu nehmen und es auch aktiv vorzuleben?» Einige sagen dann: «Nein, das ist mir zu unbequem.» Das ist wenigstens ehrlich und zu respektieren.

Viele Topmanager sagen jedoch: «Jetzt weiß ich endlich, was für gutes Projektmanagement nötig ist, und kann damit meine Projektmanager fordern und fördern.» Sie könnten beispielsweise damit beginnen, daß Sie von Ihren Projektmanagern eine Projektdokumentation einfordern oder die bestehende so modifizieren, daß dabei mehr herauskommt. Sie können auch damit beginnen, Ihre Projektmanager tatsächlich zu führen. Nämlich anhand der vier Stellgrößen in der Steuerungssitzung.

Ich beobachte immer wieder ein erstaunliches Phänomen. Sobald Topmanager beginnen, richtiges Projektmanagement zu machen, erleben die Unternehmen einen regelrechten Motivations- und Innovationssprung. Das gilt um so mehr, je mehr Projekte Sie haben. Gerade durch ein gutes Multiprojekt-Management können Sie gezielt Potentialreserven aktivieren. Zum Multiprojekt-Management haben Sie schon einiges gelesen. Aber gerade fürs Multiprojekt-Management gilt Fontanes Ausspruch: «Das ist ein weites Feld.» Man kann ein ganzes Buch darüber schreiben.

In der Zwischenzeit ...

Egal, ob Sie Projektmanager oder Topmanager sind: Wenn Sie sich für Projektmanagement interessieren, können wir uns auch außerhalb des Buches treffen. Sie können mich telefonisch erreichen unter der Nummer (0049) 06221/472915. Wir könnten darüber reden, wie Ihr Projektmanagement läuft und wo es noch besser laufen könnte. Ich höre gerne von Ihnen.